找对首席人才官

企业家打造组织能力的关键

李祖滨 刘玖锋 —— 著

PRECISE SELECTION OF CHO
KEY TO ENHANCING ORGANIZATIONAL CAPABILITY

机械工业出版社
CHINA MACHINE PRESS

图书在版编目（CIP）数据

找对首席人才官：企业家打造组织能力的关键 / 李祖滨，刘玖锋著 . —北京：机械工业出版社，2020.1（2023.11 重印）

ISBN 978-7-111-64298-5

I. 找… II. ① 李… ② 刘… III. 企业管理 - 人力资源管理 IV. F272.92

中国版本图书馆 CIP 数据核字（2019）第 263711 号

  首席人才官是企业文化的榜样、楷模，在员工中有高的威信，赢得员工的信赖，掌握公司业务，有成功的团队领导经验，这样的人就能做好人力资源第一负责人的工作，而这样的人理应从内部培养，更胜过从外部寻找。

  本书真正地从企业家对 CHO 的困惑入手，告诉企业家什么样的 CHO 是合适的，怎么去寻找，如何去培养，怎样推动其在组织能力打造中的作用，最终与其成为终身事业伙伴。

找对首席人才官：企业家打造组织能力的关键

出版发行：机械工业出版社（北京市西城区百万庄大街 22 号　邮政编码：100037）	
责任编辑：李晓敏	责任校对：李秋荣
印　　刷：固安县铭成印刷有限公司	版　　次：2023 年 11 月第 1 版第 3 次印刷
开　　本：170mm×230mm　1/16	印　　张：15.5
书　　号：ISBN 978-7-111-64298-5	定　　价：69.00 元

客服电话：（010）88361066　68326294

版权所有·侵权必究
封底无防伪标均为盗版

Precise
Selection of
CHO
———目录

总序 2040年，让中国人力资源管理领先世界
推荐序一 CHO3.0：站在组织的高度解决组织的问题
推荐序二 每个创始人/CEO都需要找到自己的"组织合伙人"
前言 帮助企业家找对首席人才官
致谢

第一章 让企业家辗转反侧的CHO ┊1

人的问题已经成为企业家关注的首要问题 ┊2
"人的问题"名列全球CEO面临的十大挑战之首 ┊2
中国企业家私董会讨论的主题60%是"人的问题" ┊3
企业家需要依靠CHO解决"人的问题" ┊4
企业家对CHO的"三大困惑" ┊6
 现有的不胜任 ┊7
 外面找不到好的 ┊16
 优秀的又太贵 ┊17
企业家对CHO的"三不知" ┊18
 一不知CHO的作用和价值 ┊19
 二不知CHO的胜任标准 ┊20

三不知CHO到哪里找 | 21

企业家找对CHO的成功路径 | 21

关键发现 | 23

第二章　CHO是打造组织能力的关键 | 24

组织能力是企业持续成功的关键 | 25

组织能力的乘法效应 | 28

组织能力是企业持续运转的"钟" | 35

组织能力是企业难被超越的护城河 | 38

打造组织能力：CEO是舵，CHO是桨 | 40

CHO应保持与CEO的思维共性 | 41

CHO应保持与CEO的紧密协同 | 44

　　CEO与CHO何时携手 | 45

　　CEO在哪些方面更多地发挥价值 | 46

　　CHO在哪些方面更多地发挥价值 | 47

　　CEO与CHO何时互相支持 | 49

关键发现 | 50

第三章　首先是领导岗位，其次才是专业岗位 | 51

成功的CHO首先是一个成功的领导者 | 52

放宽冰山上，坚守冰山下 | 54

成功CHO的五项领导能力模型 | 55

　　先公后私 | 56

　　坚定信念 | 57

　　战略思维 | 59

　　变革推动 | 64

　　组织智慧 | 66

五项领导能力缺一不可 | 70

CHO领导能力行为量表　｜ 70

　　选择冰山下，培养冰山上　｜ 72

　　关键发现　｜ 73

第四章　先内后外寻找 CHO　｜ 75

　　空降 CHO 的成功率不足 5%　｜ 77

　　空降 CHO 的四大风险　｜ 78

　　　　风险一：破坏文化，内部怨声载道　｜ 79

　　　　风险二：僵化复制方法，变革纹丝不动　｜ 82

　　　　风险三：能力不足，团队人才流失　｜ 83

　　　　风险四：高额年薪，投入产出不成比例　｜ 85

　　为什么总想去外部找 CHO　｜ 85

　　　　误区一：外部的CHO总量多　｜ 86

　　　　误区二：外部的CHO更好用　｜ 88

　　　　误区三：内部培养太慢　｜ 89

　　内部选拔更容易成功　｜ 90

　　　　优势一：业绩突出，大家信服　｜ 91

　　　　优势二：认同文化，大家信任　｜ 92

　　　　优势三：熟悉业务，风险较低　｜ 93

　　　　优势四：相互了解，选拔精准　｜ 93

　　内部找到 CHO 的三大方式　｜ 94

　　　　从TOP5的高管中选拔　｜ 94

　　　　培养具有业务思维的HR管理者　｜ 98

　　　　培养具有领导力的业务管理者　｜ 105

　　内部人才盘点找出胜任 CHO　｜ 110

　　　　360°评价与全方位访谈和考察　｜ 110

　　　　人才盘点九宫格锚定候选人　｜ 111

　　关键发现　｜ 113

第五章　迫不得已的空降 CHO　| 115

降级招聘法是空降 CHO 的首选方式　| 116
降级招聘可选人才范围广　| 117
总监/经理级的 HR 管理者更易融入　| 117
降级招聘 CHO 风险小　| 118
降级招聘也能选到能力强的人选　| 119
空降 CHO 的成功条件　| 119
企业选对人胜于培养人　| 122
企业不要让 CHO 负重空降　| 125
CHO 要卸下原有光环　| 126
CHO 要花 50% 以上的时间融入环境　| 126
绕开烟幕弹，找到价值区　| 127
关键发现　| 131

第六章　CHO 打造组织能力三部曲　| 132

第一，将个人能力复制成组织能力　| 133
复制创始人精神　| 134
复制优势群体的能力　| 141
第二，将短期增长塑造成长期增长　| 145
洞察快速发展的陷阱　| 146
推动组织变革　| 148
第三，将一代人的成功传承为持续的成功　| 151
找到合适的接班人　| 152
CHO还要找到自己的接班人　| 155
打造传递文化的合伙人团队　| 159
打造企业的卓越飞轮　| 162
组织能力就是卓越飞轮　| 162
CHO的终极使命是让企业走向卓越　| 163

关键发现 | 164

第七章　成为共同事业的终身战友 | 166

被忽视的伙伴关系 | 167
　　阶段一：缺乏信任的上下级关系 | 168
　　阶段二：基于目标的工作关系 | 169
　　阶段三：值得信赖的合作关系 | 170
　　阶段四：共同事业的终身战友关系 | 170

被传颂的终身战友故事 | 172
　　军中政委赵刚 | 172
　　布道牧师康纳狄 | 176
　　心灵伙伴彭蕾 | 177

为终身使命奋斗 | 180
　　共启愿景 | 181
　　信任支持 | 182

关键发现 | 185

附录 A　CHO 领导能力行为量表和 CEO 与 CHO 的关系自测表 | 186

参考文献 | 191

Precise Selection of CHO

总　序

2040 年，让中国人力资源管理领先世界

南丁格尔的启示

因为我出生在国际护士节 5 月 12 日这一天，还因为我的母亲做了一辈子的护士，所以我对被称为"世界上第一个真正的女护士"的南丁格尔一直有着好奇和关注。2018 年 10 月，我在英国伦敦游学期间，独自一人参观了南丁格尔博物馆。博物馆在圣托马斯医院内，面积约 300 平方米，里面不但模拟了当时战场上的行军床、灯光，还模拟了枪炮声以及战场伤员痛苦的叫喊声。博物馆内一个展柜吸引了我的注意，上面写着"She is a writer"（她是一位作家），她一生留下了 20 多万字有关护理工作的记录，其中不仅有南丁格尔记录护理经历的 63 封书信、札记，还有她的《护理札记》《医院札记》《健康护理与疾病札记》等多部专著。这些给了我很大的触动：南丁格尔也许并不是第一个上战场做护理的人，也不是救治伤员

数量最多的，但因为她是护理工作最早、最多的记录者，她以事实、数据和观察为根据，总结了护理工作的细节、原则、经验和护理培训方法等，并把这些记录写成书籍流传下来，向全球传播，为护理工作发展为护理科学做出了重要的贡献，所以她当之无愧成为护理学的奠基人。

这一年，我和我的团队已经完成了"人力资源领先战略"系列第三本书的写作，参观南丁格尔博物馆的经历更加坚定了我写书的信念，我们要写更多的书，只有这样才能真正地为中国、为中国企业、为中国的人力资源管理做出我们应有的微薄贡献。

新时代，企业经营管理面临新课题

改革开放40多年，中国经济发展可以粗略分为"增量经济时代"和"存量经济时代"两个阶段。

第一阶段是1978～2008年，是需求拉动增长的"增量经济时代"，这个阶段也被称作"中国经济黄金30年"。中国经济形势大好，很多企业即使不懂经营和管理，也能做大规模，获得经济大势的红利。企业似乎只要能够生产出产品，就不愁卖不出去，轻易就可以获取源源不断的收入和利润。在这个阶段，规模、速度、多元化是企业的核心关注点，内部管理是否精细并不重要。

第二阶段是2008年之后，中国转向"存量经济时代"，人口红利逐渐消失，城镇化和工业化增速放缓，造成整体市场需求增长趋缓，竞争越发激烈。过去那些不注重内部管理只追求规模的企业，那些为做大规模过度使用金融杠杆的企业，那些仅靠赚取大势红利生存的企业，这时候都遭遇难盈利甚至难生存的危机。特别是2018年开始的中美贸易争端导致全球贸易保护盛行，经济全球化遇挫；2020年暴发的新冠肺炎疫情，让中国"存量经济时代"的特征更加凸显——企业的可持续增长面临越来越大的压力。近年来被反复提及的"新常态""百年未有之大变局"等表述，无一不证明着中国经济正处在转型的关键时期，也正面临着巨大挑战。辞旧迎新，如何调整自身应对新时代的挑战？如何在新时代找到增长与竞争的新的成功逻辑？这是所有企业都需要解答的新课题。

时代给出了答案并做出了倾向性的选择。我们发现在"存量经济时代"，越来越多的企业意识到人才的重要性，对人才的渴望也达到了空前的水平，企业家们发现唯有充分利用"人才红利"而不是"人口红利"才能实现企业在新时代的突围，企业在新时代乃至可预见的未来应该倚重的不是金融资本、自然资源、政策关系，而是越来越紧俏、越来越稀缺的各类人才。

应对未来，我们发现中国企业要突破今天的很多认知和过去的路径依赖，需要实现四大人力资源管理上的转型。

转型一：从追求短期利益转向长期主义。

追求企业的根本利益、追求成为优秀企业和持续成长的卓越企业就是长期主义。

企业的整体利益、长期利益是企业的根本利益，而企业的局部利益、短期利益经常损害企业的根本利益。当我们在讨论问题对与错的时候，首先要把我们的立场、站位和所维护的利益弄清楚。任何一家企业都要清楚自己的根本利益，要知道公司最长远的追求是什么。企业的根本利益与长远追求，通常要通过企业的愿景、使命、价值观，包括创始人、企业家的情怀来定位。

很多过去的人力资源管理理论、观点和方法看起来很好，能够帮助企业，但多数只是教会企业如何生存与发展，偏短期视角。但新的人力资源管理理念和方法，要教会普通企业如何成为优秀企业，要教会优秀企业如何成为持续优秀的卓越企业。

转型二：从市场能力拉动转向组织能力驱动。

在"增量经济时代"企业热衷于跑马圈地占领市场，只要抢占市场就能很好地生存发展，因此偏重市场能力的销售拉动型企业比比皆是。然而，进入"存量经济时代"后，单纯依靠市场能力来拉动企业持续增长变得越来越困难，即使短期内占有较大市场，如果交付和服务无法跟上，企业也会很快失去已经占有的市场。

那些长期持续增长的卓越企业无不重视组织能力的打造，它们能够穿越周期保持增长的秘诀就是组织能力。正如吉姆·柯林斯提出的飞轮效应那样，企业构建自己的卓越飞轮，持续强化、运转这个飞轮就是在打造强大的组织能力，拥有强大的组织能力的企业即使遇到挫折也能找到更好的方法崛起。

转型三：从以"事"为中心转向以"人"为中心。

在人和事之间，传统的管理理论一直认为人处于"从属"地位，我们认为这是工业时代的管理思维决定的。在工业时代，因为外部环境的变化和不确定性不是那么强，对"事"的趋势性预测相对比较准确，外部的机会确实也比较多，人对企业发展的作用相比金融资本、自然资本的重要性确实会低一些，所以大部分企业家在企业管理上仍以"事"为中心。

但是，到了"存量经济时代"，外部环境风云莫测，不确定性和不可预测性显著上升。同时，个体价值崛起，人才对企业发展的重要性已经显著超过其他资本。我们发现，那些优秀企业也早已在积极践行以"人"为中心的管理战略。谷歌前 CEO 埃里克·施密特在他所写的《重新定义公司：谷歌是如何运营的》一书中提及："谷歌的战略是没有战略，他们相信人才的力量，依赖人才获得的技术洞见去开展新业务，不断地进行创造和突破，用创造力驱动公司的增长。"在国内，华为、腾讯、今日头条、小米等标杆企业在践行"人才是最高战略"的过程中构筑了足够高的人才势能，它们通过持续精进人才管理能力，重金投入经营人才，不断强化人才壁垒，获得了越来越大的竞争优势。

很多企业家对我说他们缺兵少将，我们研究发现这是非常普遍的现象，而造成这一现象的根本原因是"重视人才的企业越来越多，加入人才争夺的企业越来越多，而人才供应的速度跟不上企业人才争夺的速度"，所以人才缺乏就比较严重。当今的企业在人才争夺上，面临着前所未有的挑战，我们发现那些优秀的企业都在竭尽所能地重视人，不计成本地争夺人，不顾一切地投资人，千方百计地激励人，人才正在向那些重视人和投资人的企业集聚。所以，在新时代企业要生存、要发展，"以人为中心"不是"要不要做"的选择题，而是"不得不做"的必答题，否则人才将离你远去。

转型四：从人才激励转向人才选择和人才培养。

激励的目的是让员工产出高绩效，很多人在研究激励，企业也在变着花样地优化自己的激励体系。然而我极少看到有企业家对自己企业实行的激励机制感到满意，那些对激励机制感到满意的企业往往不是因为激励本身，而是因为企业打造的人才队伍和组织能力。

事实上，员工的绩效在你聘用他的那一刻就已经基本确定了。我经常做一个类比：如果农夫选择了青稞种子，那无论如何精心地耕种和照料，也无法产出杂交水稻。基于我们长期大量的观察、研究和咨询实践，我发现企业选择员工就像农夫选择种子，在选择的那一刻也就基本确定了收获。

中国人力资源管理的转型升级需要经历一个漫长的过程。在研究中国人力资源管理现状的过程中，我有以下三个发现。

人力资源管理转型的最大鸿沟：不敢给高固定薪酬。

纵观当下，采用低固定薪酬策略的企业通常都沦为普通企业或者昙花一现的企业，而优秀企业通常采用高固定薪酬策略。从低固定薪酬转向高固定薪酬的障碍就是中国人力资源管理转型的最大鸿沟，如图 I-1 所示。

管理上最严重的路径依赖：以考核取代管理。

这个鸿沟的根源是长期对"以考核取代管理"的路径依赖以及由此产

生的一系列人力资源管理的做法。这种路径依赖让企业习惯于基于绩效考核结果来发放薪酬,这种薪酬发放方式自然而然地产生"低固定、高浮动"的薪酬结构。这种路径依赖也让企业产生"雇佣兵"思维,企业不注重培养"子弟兵",缺人就紧急招聘,做不出业绩就没有奖金或提成,而以这种薪酬模式又极难招到优秀人才(见图I-2)。久而久之,企业就失去了打造优秀组织能力的机会和能力,使得企业在当前和未来的新经济形势下举步维艰。

图I-1 中国人力资源管理转型的鸿沟

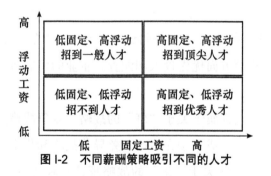

图I-2 不同薪酬策略吸引不同的人才

激励上看不见的损失:以拉开奖金差距增强激励。

要想增强薪酬的激励性就不得不"拉开差距",包括根据内部员工的能力、贡献差异拉开员工之间的薪酬差距,以及根据人才吸引、保留的需要拉开与市场薪酬水平的差距。"拉开差距"是很多企业家的普遍共识,但是他们对"如何拉开差距"却莫衷一是。

我们认为拉开差距的重心要从拉开奖金提成的差距转向拉开固定工资的差距。奖金提成比重过大是"雇佣兵"思维,这类以浮动工资拉开差距的做法无法激励出员工的归属感、安全感和以公司整体利益和长期利益为先的责任感,也无法获得从外部吸引优秀人才的竞争优势,往往导致"钱没少花,激励效果不佳"的后果,不利于企业组织能力的建设。

21世纪第一竞争战略:"人力资源领先战略"

这些年我几乎每天不停地叩问自己,我们的企业到底靠什么在持续发展、永葆活力?穿行在时代的迷雾中,支撑企业发展的背后有没有不变的"第一性原理"需要企业家们保持定力、恒定坚持?结合亲身的实践以及对数千家优秀标杆企业的咨询辅导,我开始坚定地认为,21世纪的第一竞争战略就是"人力资源领先战略"。我相信,中国企业要想跨越鸿沟、实现转型,就需要践行"人力资源领先战略"。

"人力资源领先战略"用一个词代替就是"先人后事"(来源于吉姆·柯林斯的《从优秀到卓越》)。用一句话解释就是:"在企业的各种资源当中,如果在人力资源方面优先投入和配置,企业的发展将会有事半功倍的效果。"

过去的战略理论都属于关于"事"的战略,竞争战略大师迈克尔·波特的三大竞争战略——成本领先战略、差异化战略和集中化战略,都是关于"事"的战略。这些关于"事"的战略理论在环境变化较为缓慢的20世纪能够帮助企业选择方向,主要是通过收集最广泛的(行业的、重要企业的,过去50年甚至100年的)信息,对行业做出最准确的判断,这叫"预测趋势"。面对变幻莫测的21世纪,未来的趋势中仅有的"能够被预测的部分"已经因为信息技术越来越充分地解决了信息不对称问题而越来越少,这使得对于"事"的战略、"预测趋势"将逐渐成为组织和机构普遍掌握的能力。

未来越来越难以预测,所以战略的重心就应该从"预测趋势"转向"响应趋势",而企业"响应趋势"的能力又取决于企业中最具能动性的要素——"人"。吉姆·柯林斯在《从优秀到卓越》中论证了"先人后事"的观点。

第一,"人"比"事"重要。如果你是从"选人"而不是从"做事"开始,那就更加容易适应这个变幻莫测的世界。

第二,"人"比"机制"重要。如果你有合适的人,那么如何激励和管理他们就不再是问题。合适的人是不需要严加管理或激励的,他们会因为内在的驱动而自我调整,以期取得最大的成功,并成为创造卓越业绩的一部分。

第三,"人"比"战略"重要。如果是不合适的人,你是否找到正确的方向都不重要,因为你还是不能拥有最卓越的企业。光有宏伟的战略而没有合适的人,无济于事。

人力资源领先战略符合未来趋势

从大的时代背景看,当今世界已经进入了一个新纪元,有人称之为数字化时代,有人称之为第四次工业革命,等等,无论对于这个时代如何定义,都在说未来是人与科技共同进化、新技术加速应用的新时代。"科学技术是第一生产力"在这个时代体现得更加淋漓尽致,但在科技的背后,人才是决定企业成功的最关键要素。人才作为社会发展、技术进步的决定力量被前所未有地重视起来,从社会到国家再到企业,无不关心人才的获得和发展,无不加大对人才的投入,优先投入和配置人才成为所有组织共同的策略和方向。

人力资源领先战略秉持长期主义理念

追求成为优秀企业和持续成长的卓越企业,是长期主义。很多管理理论、观点和方法看起来很好,能够帮助企业,但多数只是教会企业如何生存与发展。但人力资源领先战略,是要教会普通企业如何成为优秀企业,是要教会优秀企业如何成为持续优秀的卓越企业。

无论是对从优秀到卓越的企业、基业长青的企业,还是对在动荡环境下能够持续增长的企业,吉姆·柯林斯都是在研究企业如何变得优秀以及持续地优秀。见贤思齐,人力资源领先战略也是在研究如何让企业成为优秀和卓越企业的过程中诞生的。

人力资源领先战略追求企业的根本利益

什么是企业的根本利益?我们的观点是:企业的整体利益、长期利益是企业的根本利益,而企业的局部利益、短期利益经常损害企业的根本利益。

任何一家企业只有清楚自己的根本利益,要知道公司最长远的追求是什么,才能在明确愿景、使命、价值观的基础上清楚自己的根本利益。

多数管理的错误,都是因为站错了位置——企业陷于当下的短期利益或局部利益。陷入泥泞之时,企业需要进行自我审视:我们是否按照企业愿景、使命和价值观的指引在行动,我们当前的举措是否与愿景、使命相违背?企业各级管理者需要思考,企业想成为什么样的企业?应该拥有什么样的愿景?应该坚持什么样的价值观?当把这些厘清之后,企业要根据愿景、使命和价值观来指导当下的每一个决策。

面向未来,21世纪的企业仍将长期面临不确定性环境的挑战,对于所有企业来说,必须回答的一个问题是:企业何以能够生存,并且持续壮大。我们认为,应对未来的核心要诀就是:坚定不移地践行人力资源领先战略,用优秀人才的确定性对抗未来的不确定性。任何时候,只要集聚了足够多、足够优秀的人才，就具备了赢得未来的优势，这一点将是一直不变的。正如硅谷知名企业奈飞在其文化大纲《自由与责任》中所言，他们管理的逻辑就是"以超过商业复杂度提升的速度，提升高绩效人才密度"。这样的企业将赢得未来。

人力资源领先战略帮助中国企业领先世界

对"人"重要性的最早洞见始于管理大师彼得·德鲁克，而将"人"的重要性用实证研究方法阐释到新高度，则应归功于吉姆·柯林斯，他以实证研究为基础，提出了"先人后事"和"先公后私"两大概念。在我们看来，"先人后事"和"先公后私"这两件管理瑰宝的价值和意义，不亚于尤瓦尔·赫拉利在《人类简史》中提到的言语和虚构故事的能力对人类发展的价值和意义。赫拉利提到，言语能力让人类形成族群，使组织规模突破50人、150人；虚构故事的能力让人类共建部落、种族、民族、国家，组织规模达到上千、上万、上亿乃至几十亿人。而"先人后事"和"先公后私"的理念，我认为可以让企业这一组织在发展效率上事半功倍。

吉姆·柯林斯虽然发现了"先人后事"和"先公后私"是卓越企业的重要特征，但在企业如何实施和应用"先人后事"和"先公后私"方面语焉不详。我和我的咨询团队深感"先人后事"和"先公后私"对企业发展的重要性，更坚信"先人后事"和"先公后私"在企业实施和应用上的巨大价值。但"先人后事"和"先公后私"这两大理念在企业中的推行，不能仅靠对它们的认同，更需要完整的人力资源管理体系来支持其实现。

于是，我们把构建这一完整体系作为我们理应承担的责任，并将该体系称为"人力资源领先战略"。"人力资源领先战略"是一个完整的管理体系，它包含了企业成为领先企业的成功逻辑，其所要表达的核心思想就是"在企业的所有资源中，如果在人力资源方面优先投入和配置，那企业的发展将会有事半功倍的效果"。我们认为，基于长期主义的思维，如果企业能够聚焦于人，将资源优先投入人力资源管理上，企业就会获得成倍于同行的发展速度、成倍于同行的利润收益；随着公司规模的扩大，企业家和管理者的工作量不需要成倍增加，反而会更加轻松和从容。我们把"人力资源领先战略"翻译成英文"human resources leading strategy"，这是一个先有中文后有英文的管理学新词，在西方成熟的管理体系中还未出现过。

"人力资源领先战略"的核心观点体现在两个方面：在战略选择上，企业要做到"先人后事"；在人才选择上，企业要把"先公后私"作为第一标准。

完整的"人力资源领先战略"体系包括四大部分（见图 I-3）。

1. 领先的人力资源理念。

- 先人后事。
- 先公后私。
- 精准选人。
- 3 倍速培养。
- 345 薪酬策略。
- 团队绩效。
- 小额、高频、永续的股权激励。
- 双高企业文化。

2. 领先的人力资源体系。

- 领先的人才选择。
- 领先的人才培养。
- 领先的人才激励。
- 领先的企业文化。
- 领先的组织结构。

3. 领先的组织能力。

4. 领先的企业。

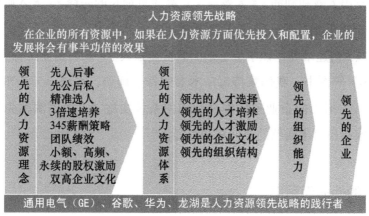

图 I-3 "人力资源领先战略"体系

"人力资源领先战略"体系详细阐明了企业成为领先企业的成功逻辑。

首先,企业家和企业高管需要摒弃陈旧的、过时的、片面的、错误的人力资源管理理念,刷新符合时代特征和要求的先进人力资源理念,用人力资源管理领先理念武装自己。

其次,企业有了领先的人力资源理念,就要识别与建立领先的人力资源体系。拥有领先的人力资源体系,相比同行和竞争对手,企业在人才选择方面将具有更多的优势,能吸引、鉴别并选拔出更多优秀的人才;在人才培养方面,更加精准与快速;在人才激励方面,能以同样的激励成本获取更高的人效;在企业文化方面,能创造更好的团队氛围、更高效的组织协同;在人力资源组织结构方面,能够打造更专业高效的人力资源团队。

最后,当一个企业领先的人力资源体系高效运转时,企业必然具有高于同行的组织能力,比同行更容易成为领先的企业。

从第一本书《聚焦于人:人力资源领先战略》开始,我们历时数年陆续写了《精准选人:提升企业利润的关键》《股权金字塔:揭示企业股权激励成功的秘诀》《345 薪酬：提升人效跑赢大势》《重构绩效：用团队绩效塑造组织能力》《找对首席人才官：企业家打造组织能力的关键》《人才盘点：盘出人效和利润》《人效冠军：高质量增长的先锋》《人才画像：让招聘准确率倍增》等一系列人力资源领先战略图书，2022 年我们还会陆续出版《3 倍速培养：让中层管理团队快速强大》《双高企业文化》《校园招聘 2.0》等图书。我们秉持每一本书的每个理念、方法、工具和案例都聚焦于人，努力向企业家详细介绍如何系统实施"人力资源领先战略"，为企业家指出事半功倍的企业成功路径。

为德锐的使命而写书

曾有企业家和朋友问我："你们写这么多书的动力是什么？"我发自内心地回答说："是为了 2040 年的使命！"实际上，我们写书有三个动力。

第一，让勤奋的中国企业少走弯路。

多数中国企业的快速发展依赖于勤奋，但疏于效率；中国的企业家更喜欢学习，但有不少学习的课程鱼龙混杂、难辨真伪。近几年，中国的企业家对人力资源管理的关注热情越来越高，然而人力资源书籍要么偏宏观理论，要么偏操作细节，基于企业家视角，上能贯通经营战略的高度，下能讲透落地执行的人力资源书籍十分匮乏。为此，我将我们的书的读者定位于企业家。

我之所以能自信于我和德锐对中国企业对人力资源的需求、痛点、难点的洞察，之所以能自信于我对全球领先企业的成功做法与实践的识别，一方面源于我在沃尔玛从事人力资源管理的工作经历，虽然时间只有一年零两个月，虽然只有沃尔玛超市一线的人力资源管理经验，但这让我能够识别国内外优秀企业的共性特征。此外，我们善于整理案例，萃取精华，建立模型，撰写成书，然后向更多的企业进行推广，让更多的企业能够更方便地学习掌握并运用先进的做法，避免它们经历过多的寻找、试错、再寻找的重复错误和浪费。

另一方面我们每年会接触上千位企业家，与数百位企业家进行深度交流，我也特别重视主持和参与企业家私董会的问题研讨，这让我们接触到各种类型的企业、各个发展阶段面临的组织发展和人才管理的各种问题。这确保了我们对问题需求充分地了解。

我们以最广泛的方式学习、收集世界500强企业的领先做法和中国各行业头部企业的成功实践，也包括我们每年咨询服务的上百家企业，它们大多是各行业、各细分领域的领先企业，虽然有各自需要提升的方面，但也都有自己的优秀做法。我们利用自己快速学习、提炼归纳的优势，总结组织发展和人才管理的各种方法论。

第二，让更多的企业相信有更好的管理方法。

在写书的过程中，我反复向研发写书团队强调：不要保密！不要担心同行学会了和我们竞争抢业务，不要担心企业家和HR读懂了我们的书并且会做了，就不会找我们做管理咨询。我们要对我们的研发有自信，我们不断研究和创新，研究企业新遇到的问题，研究出行业中还给不出的解决方案，这是"人无我有"；我们还要对行业中另一种情况进行研究，比如，有咨询同行在提供咨询服务，但是理念和方法落后，对企业效果不佳，我们研究出比同行更与时俱进、更能解决企业实际问题的解决方案，这是"人有我优"。总有优秀的企业希望先声夺人，用到我们领先的咨询产品；总有优秀的企业能拨开迷雾，识别出我们从根本上解决问题的系统性解决方案。以"不要保密"的开放精神去写书，是要让更多的优秀企业和想走向优秀的企业能够知道，德锐咨询能帮助企业找到更好的方法。

我们写书创作时秉持的宗旨是，我们的书要做到：让读者在理念上醍醐灌顶，操作上读了就会。我们坚持：总结西方管理的领先理念、世界500强企业的成功经验、中国头部企业的经典案例、中小企业的最佳实践，萃取背后成功逻辑，构建普适性模型，将应用方法工具化、表格化、话术化。

为了让专业的观点不那么晦涩难懂，我们明确了写作风格：用白话讲观点，用金句讲重点，用段子讲逻辑，用模型讲系统，用故事讲案例，用百姓的语言讲述教授的思想。

第三，希望中国的人力资源管理领先世界。

写书过程的艰难痛苦只有写了书才知道。在我们公司的各种工作中，写书是最艰难的事情。我们过去能坚持下来，未来还将坚持下去，皆因德锐咨询的使命——"2040年，让中国人力资源管理领先世界"。我们希望在不久的将来中国能成为世界最大的经济体，不只是规模上的世界领先，更应该是最强的经济体，应该是人均产值、人均利润的领先。这就需要更多的中国企业成为效率领先的企业，成为管理领先的企业，成为人力资源管理领先的企业。作为专注人力资源管理咨询的德锐咨询，我和我的同事决心承担起这一使命，呼吁更多的企业家、管理者一起通过长期的努力奋斗，不断提升中国企业的人力资源管理水平，直至实现"让中国人力资源管理领先世界"。

我们的用心收到了很多企业家朋友和读者真诚的反馈。现在，我经常会收到一些企业家、高管发来的信息：

"这次去美国只带了《精准选人》，深刻领悟了你的观点。"

"我买了100本你的《聚焦于人》，我把这本书当作春节礼物送给我的企业家朋友。"

"我给我的所有中层都买了你的《人效冠军》，让他们每个人写读书心得。"

"我们企业家学习小组正在读你的《重构绩效》，15个人每周读书打卡。"

"感谢李老师的《股权金字塔》，我们公司正在参考你的书做股权激励方案。"

"谢谢你们无私的奉献，《人才画像》里面写的方法、工具，是我招聘时一直在寻找却一直没有找到的，你们把这种方法写了出来，很实用！"

这些让我和我的同事感到十分欣慰，这又成了我们持续写书、持续为企业家写书的动力。

为此，2019年我和合伙人团队达成一致，坚定地把持续研究、撰写"人力资源领先战略"的专业书作为公司一项长期的战略任务。我们已经在"十三五"期间完成了13本书的翻译和撰写。2020年底，当我们在制定"十四五"规划的时候，也制订了一个宏伟的研究写书计划："十四五"期间写完25本书，"十五五"期间写完50本书，到2030年我们总计要完成"人力资源领先战略"系列88本书的写作。

用伟大的人才实现伟大的愿景

在过去的十年中，德锐咨询向上万人介绍过"人力资源领先战略"，很多人听到后认为它逻辑合理，但我们发现真正要践行的时候，很多企业又开始犹豫了。

为什么会犹豫？很多企业家说："周围的企业都还在用'低固定、高浮动'的薪酬模式，我要冒这个风险吗？我如果用'高固定、低浮动'的薪酬模式，给错人怎么办？给了高薪酬人又离开了怎么办？给了之后他依然做不出更大的贡献怎么办？公司的人力成本过高，影响经营怎么办？"甚至有的企业家说："如果我给了高固定工资，别人都托关系把人推到我这边安排工作怎么办？"之所以产生种种诸如此类的担心顾虑，是因为大多数人对变化带来的风险损失进行了过多的考虑和防范，而对于已经蒙受的损失，却有着过高的容忍度。

一家高人效企业，必须坚持高人效企业的十二字方针："高固定，低浮动，精选人，强淘汰。"企业家要跨越鸿沟，需要有决心和勇气。

其实企业家不缺乏决心和勇气。企业家有买地、建厂房、买设备、并购企业的决心和勇气，但这些都是没有腿、没有脑，自己走不了的：厂房坏了还在那儿待着，设备旧了还在那儿趴着，并购的企业烂了还在自己手中。然而，很多企业家缺乏的是招聘、培养、给出高固定工资和让不合适的人离开的决心和勇气，因为人是有腿有脑的，有主观能动性的，当对象会发生变化的时候，我们就会被成功的概率所困扰。因此在人的方面，企业家要用概率思维去估量得失，不能只关注损失，更要关注获得。比如人才培养，我们不能只看培养后走的人，更应该看培养后多少人留下来了，多少人成了栋梁。如果我们不培养，一个都没有；如果培养的走了，我们还收获了留下来的。

企业家对人要有信心，要去信任和激发人性中积极的方面，在人的方面要勇于尝试，只有勇于承担用人造成的损失，才能赢得人才战争的胜利。

为什么有些企业家缺乏分享的勇气？这是因为他们想当富豪。为什么有些企业家不敢淘汰人？这是因为他们想当"好人"。

真正的企业家，应该放弃当富豪、当"好人"的想法。当真正处于企业家角色的时候，放弃这些都是轻而易举的。

今天的"人力资源领先战略"能否在企业实施落地，关键看企业家面对现在的经济环境有没有决心和勇气。

德锐咨询的"人力资源领先战略"所介绍的理念、工具和方法，都是持续优秀的卓越企业的做法，并不是大众企业的做法。但这是不是意味着德锐咨询的研究不符合大众企业的利益和需求？

每当我们问到企业家："你想让自己的企业成为一个昙花一现的企业、垂死苟活的企业，还是成为优秀的企业，或者持续优秀的卓越企业？"所有企业家都希望自己能成为行业领先，成为区域领先、全国领先，甚至世界领先，所有的企业家都怀着要打造优秀企业、打造卓越企业的情怀与梦想。所以德锐咨询为大众企业提供了如何成为优秀企业、卓越企业的领先理念、正确方法、有效工具，这正符合了大众企业的真正需求。但是，能成为优秀企业和持续优秀的卓越企业的并不多，原因就在于许多企业缺乏在人上下赌注的勇气，没有投资于人的决心。

德锐咨询将把优秀企业、持续优秀的卓越企业的做法，通过管理咨询的实践验证、分析研究，提炼、总结成书籍、文章，公之于众，帮助更多的中国企业成为区域标杆、行业标杆、全国标杆乃至世界标杆，这就是德锐咨询的责任和使命。

吉姆·柯林斯的新书 Beyond Entrepreneurship 2.0 中有这样一句话："没有伟大的人才，再伟大的愿景都是空想。"这是很多企业愿景落空的根本原因，而这和德锐咨询"人力资源领先战略"系列丛书所想表达和强调的思想是高度一致的。我们希望"人力资源领先战略"系列丛书的出版，真正能够帮助中国企业家提升人力资源管理能力，提高在人才上的决心和勇气，成就企业伟大愿景。

以上，是为序。

李祖滨

德锐咨询董事长

Precise
Selection of
CHO
推荐序一 ————

CHO3.0：站在组织的高度解决组织的问题

◎谢克海

北大方正集团总裁　北京大学光华管理学院管理实践教授

2019年年初的亚布力企业家年会上，我做了《"人才战"靠什么胜出》的主题分享，提到了人才的可变、难变和不变的三层素质论。年会结束时，我的好朋友、"人力资源领先战略"提出者李祖滨先生与我交流道：人才选择应该"放宽冰山上，坚守冰山下"，他简明扼要的总结令我印象非常深刻。之后，我们对中国企业的人力资源管理与发展又做了深度的交流，他是一位真正懂管理之道，特别是懂中国企业的管理之道的人力资源专家。

这次祖滨邀请我为他的第7本书《找对首席人才官》作推荐序，希望我可以从CEO的角度，分享"什么是胜任的CHO[⊖]"，以及"如何找到胜任的CHO"。

就我了解的CEO，通常关注三件事：

1. 企业要做什么？其业务的组合是什么？
2. 这些事应该由谁来做？就是用谁的问题。

[⊖] chief human resource officer，首席人才官，又称首席人力资源官。

3.这些事有没有做？有没有做出期待的业绩结果？是不是按规矩做？风险是不是可控？

这三件事中，我认为最关键的，还是选择一个什么样的人来做这样的事情。如何选择对的人，去引领业务前行，这恰恰是CHO的职责。而以CEO或者组织的视角来看，围绕组织，CHO该扮演什么角色呢？组织对CHO有哪些期望？

彼得·德鲁克、拉姆·查兰、杰克·韦尔奇等学界和企业界的大师对此都有不同的描述，其中，杰克·韦尔奇对CHO的定位尤其不同。杰克·韦尔奇在2005年出版的《赢》一书中指出，毫无疑问，人力资源的负责人应该是任何组织中第二重要的人，人力资源负责人的地位至少应与首席财务官同等重要。相比之下，有很多企业家对CHO的重视程度远远不够，还要重新调整对CHO的认知。

CEO如何才能选到优秀的CHO

我认为要选那些和CEO一样有使命感的CHO。如果CHO缺乏使命感，缺乏梦想，眼光不够高，就难以和CEO处于同一个频道上。

同时，CHO的主人翁责任感也非常重要。如果CHO没有责任感，没有视公司的事为己任，那么，他就只是一个上班的职业人，而不是合伙人。

我认为这两点素质是优秀的CHO应该具备的尤其关键的素质，和本书提出的CHO五项领导力中的"坚定信念"和"先公后私"是相符的。

做CEO工作之前，我做了约20年的CHO工作，也认识了很多CHO朋友。据我了解，目前CHO普遍存在的问题是，在解决企业人才战略的核心问题，即"谁上谁下"的问题上，CHO所发挥的作用往往不够。

iPODAR 模式

如何成为 CEO 眼中胜任的 CHO？我曾以 HR 为目标读者在《哈佛商业评论》2017 年中文版上撰文提出 iPODAR 模式。以 HR 为目标人群的 iPODAR 模式是指，在完成执行性/运营性工作的基础上，研究人才战略和组织环境的问题，通过系统调研，提供专业的组织与人才诊断，做出清晰的区分，坚决行动并给组织带来公认的结果。

其中：

i（implementation）是指执行性的工作，这是人力资源的基础。

P（people）是指人才战略，最终要落实到"谁上""谁下"的问题上。

O（organization），即培育让员工想干、能干的组织环境。

D（differentiation）是指通过调研给出清晰的区分。

A（action）是指基于清晰的区分，采取坚决的行动。

R（result）是指公认的且有重大影响的结果。

CHO 应当按照 iPODAR 模式开展工作，创造价值。

i：人力资源的基础

在管理实践中，有些 CHO 把大部分精力放在人员招募、入离职管理、绩效和激励、培训等上面。而在这些模块当中，还有大量具体而繁杂的事务。这些事该不该做？当然应该。但是如果 CHO 深陷于这些事务里无法自拔，那么就只能停留在"i"的层面，这是远远不够的。事实上，CEO 对这些事务并没有兴趣，他的着眼点不在于此。所以，在 CHO 与 CEO 之间，就形成了某种隔离。

P：人才战略

关于人才战略，CEO重点考量的就是四个字："谁上谁下"，即"谁立刻上""谁今后上""谁是问题人"，以及"如何让问题人离开"，它们归根到底都是"P"的问题。

CHO需要与CEO思考的核心问题建立联结，解决组织中"谁上谁下"的问题。决定"谁上谁下"的前提是回答"谁行谁不行"。CHO的思维唯有落实到这样的问题上，才有可能与CEO产生真正的深度交流，产生同频效应，这样才能被CEO的"雷达"扫描到。

找到有问题的人和有潜力的人，从而决定"谁下""谁上"，这是最重要的。

企业可以把人员区分为A、B、C、D四类。A类员工是企业和市场中的一流人才；B类员工能够按部就班地完成工作任务；C类员工徘徊或略低于市场平均水平；D类员工各方面表现明显很差。

O：提供良好的组织环境

在解决了"谁上谁下"的问题之后，CEO还要考虑为"上去的人"提供想干、能干的组织环境，让他们能够心无旁骛地施展才华。没有良好的组织环境，人才就没有用武之地。如果我们把一个A类人才放到一个平庸的组织里，放到一个三流的平台当中，我认为也不会有好的结果。

CHO需要站在组织全局的高度，帮助CEO研究组织问题，分清哪些是业务发展的问题，哪些是组织发展的问题。了解、发展和改变组织，以提高组织的效率和健康度，这是组织发展的工作，也是CHO的职责所在。

D：通过调研给出清晰的人员区分

区分指的是，通过系统专业的调研，对人才和组织给出像医院诊断报告一样清晰的判断。"D"就是CHO从含糊到清晰的过程。简洁而清晰的观点源于大量的调研，做到这一点的另一个前提是对于区分有深刻的理念认识。

例如人员区分，对于前述A、B、C、D四类人员而言，多数企业都能认识到不能使用D类人，但是没有认识到C类人的存在。然而C类人时而完成工作任务，时而不能达成任务目标，始终与企业的要求"差一点儿"。这样的人多了，三五年之后，会拖累企业明显落后于市场，即使倾力挽救也难阻颓势。所以，企业对于人员区分应当有更清晰的认识。

合格的CHO能识别出组织中的C类人、D类人，但是更优秀的CHO应该能帮助公司识别出"假A"，即潜藏在优秀人队列中的"问题人"，这对组织来说往往更加重要。这就是我提出的ABCD淘汰论的一些核心原则。

A：采取坚决的行动

Action是指基于清晰的分析，采取坚决的行动，区分的目的也正在于此。管理者切忌有区分无行动，人力资源应奉行"无区分不管理，凡区分必行动"的原则。

CHO的声誉来自强有力的行动。行动贵在迅速、坚决。对发现的"问题人"应当立即处理，不能拖延或抱有侥幸心理。比如，企业在年初发现"问题人"，如果犹豫2～3个月再付诸行动，接替的人选就要等到年中或下半年才能入职，这会导致全年业绩指标无人担责。

行动的底气来自"D"。CHO在什么情况下敢于说服CEO，并通过CEO向董事会施加影响呢？答案是基于系统、专业的调研，给出"谁行谁不行"的清晰结论。有了基于系统性调研的底气，CHO才有可能获得CEO和董事会的支持。这才是拥有CEO视角的CHO！

R：公认的结果

人力资源所有的行动，最终都要落脚在是否达成了预期的结果上。

人才战略最核心的命题是，请离、调整了多少人？多少人被发现有问题？多少人走了？多少班子被重组？多少人被发现并被培养重用？

如果行动没有产生结果，那不如暂时不行动。行动的结果取决于CHO变革的意愿。CHO要有"企业因我而不同"的信念，从顾问（consultant）、业务伙伴（business partner）升级为变革者（game-changer）、战略合伙人（strategic partner）。

所有这些放在一起，就是我所讲的iPODAR模式。其中，i是人力资源的基础性工作，P、O是找到顶级人才，并为其提供想干能干的环境，i、P、O揭示了CHO应该做什么。D与A是通过系统调研给出清晰的区分，并且采取坚决行动，D、A提示CHO应该怎么做。R则揭示了CHO应该做出什么结果。大多数人力资源工作者都只能完成执行性工作，在"谁上谁下"与组织培育这两方面，远没有做到系统深入的研究。

按照iPODAR模式，人力资源管理应分为三个阶段。

1.0阶段：CHO仅仅是站在人力资源的角度来解决人的问题，只做到了"i"，我管他叫兢兢业业的邮差、统计员，有什么事征求下面的意见并做汇总，随后向上报告给CEO。

2.0阶段：CHO能够站在组织的高度解决人的问题，不但做到了"i"，同时也做到了"P"，帮助组织实现人才战略，特别是主导关键岗位上的谁上谁下。

3.0 阶段： CHO能够站在组织的高度解决组织的问题。如果CHO在"i"和"P"的基础上，还通过清晰区分和坚决行动解决了"O"即组织的问题，最终达成组织公认的结果，也就实践了iPODAR模式，那么就进入了3.0阶段。3.0阶段的CHO，不但能提出解决组织问题的方案，还能在企业高层达成共识后，向业务部门"下单"，明确时间表与标准，并跟进落实方案，最后能够得到相应的结果，并且开启一个新的循环。

3.0阶段的CHO，和祖滨提出的CHO的使命，即打造组织能力，有着相同的内涵。这就要求CHO站在一个更高的位置，上升到CEO的决策圈，扮演战略引领者的角色。

中国尚没有一本专门研究中国CHO的书，难能可贵的是本书以企业家视角来讲述如何找到CHO。李祖滨先生提出了很多洞见，例如，他提出了"CHO是打造组织能力的关键"的领先理念，提炼了优秀CHO的五项领导能力模型，阐述了"先内后外寻找CHO"的鲜明观点。本书还给出了找到CHO的实践方法和工具，无论是对CEO，还是对CHO，都能提供巨大的帮助。因此我向大家特别推荐本书。

Precise Selection of CHO
——— 推荐序二

每个创始人/CEO都需要找到自己的"组织合伙人"

◎房晟陶

首席组织官创始人、龙湖集团原执行董事兼CHO

"CEO就是公司的首席人力资源官",这种说法表达的是对人力资源管理的重视。但是,这句话并不是说CEO就能够做得了CHO,也不代表CEO应该去做CHO。如果创始人/CEO真的去做CHO了,那就是被带进坑里了。为什么CEO做不了也不应该去做CHO呢?

第一,时间上就做不了,也不应该做。如果你的公司规模实在很小,你一个人顺便就做了,是可以的。或者,当你公司的**运营、市场、产品、融资、技术、政府关系**等工作都已经井井有条的时候,你可以去做。估计我一说出这几个词,就没有几个创始人/CEO再一时头脑发热,想亲自去承担CHO的职责了。CEO的时间是公司的第一资源。当有无数重要且紧急的事情在等着你的时候,你必须得有个得力的CHO来把这摊事给拎起来。

而且,人的事一般都比较耗时耗心力:关于人的事,需要走到CEO环节的,能有几件是不闹心的?

创始人/CEO真的愿意这么费时费心吗?你的公司目前所处的发展

阶段允许你这么做吗？等到你把公司的**运营**、**市场**、**产品**、**融资**、**技术**、**政府关系**等工作都安排得井井有条之后，如果你认为自己是一个被创业耽误的 CHO，那个时候你可以愉快地过一把瘾。

第二，**天赋上做不了**。很多创始人 /CEO 在技术、商业模式、讲故事、冲冲杀杀上很有天赋，但是在人员、组织、文化方面的天赋则一般。

苍天很多时候还是公平的。天赋包括了价值观。做人力资源、组织、文化这些工作，最重要的天赋就是价值观。

第三，**专业上做不了**。即使创始人 /CEO 有时间，也有一定的天赋，但没有长期的专业积累，也做不好这件事。你以为人家从事人力资源工作十几年、几十年的经验都是白积累的吗？

很多创始人 /CEO 看到其他优秀公司的 CHO 都不是人力资源专业出身的，就觉得这工作谁都能做。这个结论非常危险。建议这样的创始人 /CEO 去向前查查这些优秀公司的历史：在这些公司更早的发展阶段，它们是如何打好专业基础的？它们是曾经有过比较专业的 HR，还是大量借助专业咨询公司的力量？现在它们可以实现业务高管来做 HR，一定是因为在之前的某个历史阶段曾经打下了强有力的专业基础。专业不是万能的，但是没有专业是万万不能的。业务高管来做 HR 的前提条件，大概率是要靠配置专业的 HR 人员或借助咨询公司的力量系统化地提高人力资源专业能力。

第四，**视角上不适合做也不应该做**。创始人 /CEO 天生就以老板视角、投资人视角、长期视角看事情，他们看到的都是俯视图：能看到全面但是看不到高低和层次；能看到森林，但是不容易看到树木和小草。

举个简单的例子，在对人的要求这件事上，就不能只考虑老板的需要。老板当然希望每个下属都能主动设立正确的方向、坚决执行、特别皮实（批评了也不往心里去，没有情绪）、延迟满足、理解我、对我的错误要包容、既要有使命又要对我忠诚，等等，但这只是老板的一厢情愿，达到这个目标的前提是得多考虑员工心里到底是怎么想的。人力资源管理就是要从老板视角和员工视角两方面找到平衡，实现双赢。

以上简单列举了创始人/CEO做不了也不应该去做CHO的四个原因。肯定还有其他原因，我们点到为止。有人会挑战说，我是不想做，可是我找不到合适的CHO啊！这日子也得过，给条出路吧！确实，得给出路，不能光评价、批评、讽刺、揶揄，得给一些出路和建议。

我的建议肯定**不是**：继续去找，找到一个得力的CHO，然后把人力资源管理的职责充分授权给他。这个建议不仅是句没营养的话，而且这个方法看似解决了一个问题，但实际上忽视了一个更大的问题。

我的建议是：创始人/CEO必须承担首席组织官COO（chief organizing officer）的职责。为了履行这个首席组织官的职责，**每个创始人/CEO都需要找到自己的"组织合伙人"**。

什么是首席组织官？通俗地讲，首席组织官就是组织的**总设计师**。这个总设计师的职责是创始人/CEO必须长期坚持做的工作，除非有一天你从CEO的位子上退下来。只要你在CEO的位子上坐一天，这个职责你就不能甩给他人。甚至，有的创始人/CEO虽然从CEO的位置上退下来，只做董事长，但也不愿意把总设计师这个职责授权给CEO。

这个组织合伙人应该是谁呢？

在没有找到得力的组织合伙人之前，创始人/CEO只能自行承担首席组织官/总设计师的职责。在公司发展到一定规模之后，最好找到这个组织合伙人。这个组织合伙人角色如果能由得力的CHO承担当然最好，但这不是唯一的选项。这个角色也可以由首席运营官、总裁、首席战略官等角色承担。一个创始人/CEO能和什么人在组织问题上碰撞出火花，这取决于公司所属行业的组织特点，公司的发展阶段，创始人/CEO的价值观和组织形象（跟什么人能说到一起），创始人/CEO个人的使命、愿景、价值观等多方面的因素，没有标准答案。在不同的阶段，这个组织合伙人也可以不同。比如在公司运营方面是重点的阶段,首席运营官很可能就是首要组织合伙人。

我再总结一下我的观点:创始人/CEO 做不了也不应该去做 CHO,但是创始人/CEO 必须去承担首席组织官,或者说**总设计师**的职责。

我还要告诉你一个秘密:你之所以找不到一个得力的 CHO,大多是因为你的总设计师职责没有履行好。**你把总设计师的职责履行好了,CHO 发挥的空间才能出来,你就会更容易找到一个得力的 CHO。**

那我不会做总设计师/首席组织官怎么办?学习、实践、走弯路。这件事情上没有终南捷径,也没有退路。

李祖滨是我十几年前的同事,他一直致力于帮助中国企业提升人力资源管理水平。他主导创作的这本《找对首席人才官》也提出在打造组织能力方面,CEO 是舵,CHO 是桨。CEO 必须承担组织总设计师的职责,同时找到得力的 CHO 作为组织的总工程师,这才是打造企业卓越组织能力事半功倍的方法。我推荐大家阅读本书,相信你一定会有收获。

Precise Selection of CHO

—— 前言

帮助企业家找对首席人才官

◎李祖滨

南京德锐企业管理咨询有限公司　董事长

企业 CHO 告急

"我公司马上启动上市计划,你有好的人力资源总监(HRD)推荐吗?"

"我们公司这两年业务翻倍增长,人才已经成为发展瓶颈,我们需要一个优秀的 HRD,能帮我们介绍一个吗?"

"我的人力资源负责人理念和能力跟不上企业发展了,帮我们找个优秀的人力资源总监吧。"

近5年当中,我几乎每个月都会收到3～5个企业家朋友这样的电话、微信或者当面的求助。

一段如何找对 CHO 的"收藏"文字

对于以上这样的高频率问题,我已经准备了一段文字保存在微信的"收藏"里,每当遇到这种让我推荐人力资源负责人的求助问题时,我都会发出这段文字。

如何找对 CHO

方法一：空降 CHO。

这种方法需要满足三个苛刻的条件：

1. 要从比你公司规模大 5 倍以上的行业标杆企业引进。

2. 候选人需要有优秀标杆企业人力资源第一负责人 5 年以上的成功经验。

3. 你几乎完全认同他就职过的这家标杆企业的业务模式、管理体系和企业文化，并且是你正在学习效仿的榜样。

只有在符合这三个苛刻条件的情况下，空降 CHO 才可能成功。正因如此，空降 CHO 成功的概率不高，通常在 5% 以下，空降 CHO 的成功难度不亚于空降 CEO。虽然空降 CHO 一旦成功可以为组织创造巨大的价值，但需要投入大量的精力去寻找，往往可遇而不可求。

方法二：从公司内部选择 CHO。

选择人品正直、价值观匹配、认同公司文化、在员工中有威信、人际敏锐度高、能担当、带团队能力强、有过突出业务贡献的高管，最好在公司高管中排在前五位，让他负责或分管人力资源工作。他可能是公司的生产一把手，也可能是销售一把手，还可能是研发一把手。千万不要舍不得让他离开原来的岗位，因为很多公司人力资源管理问题的严峻程度都已经超过了生产、研发、销售对公司的影响，人力资源管理上存在的问题已经成为很多公司亟待解决的首要问题。

有人担心，这些"转行"的高管没有人力资源管理经验怎么办？

其实，人力资源一把手首先是领导岗位，其次才是专业岗位，要用他的忠诚度、领导力来创造价值。招聘有专业能力、有标杆企业工作背景的 HR 管理者负责具体执行，解决专业性问题。

从内部选择 CHO 的成功率比较高，只需要克服"CHO 必须是 HR 专业背景出身"的认识误区。很多企业都在寻找 CHO 的道路上犯过错误。过去，我在帮助客户企业推荐、招聘人力资源总监时也犯过同样的错误，在帮企业面试挑选或者推荐外部人力资源总监方面，我的成功率不超过20%。相反，我帮助企业从内部挑选的人力资源第一负责人90%以上都是成功的，这些人力资源第一负责人原来的身份可能是企业的生产负责人、销售负责人、质量负责人、行政负责人、事业部负责人，只要这些人在原有岗位上是成功的领导者就行。

中国企业CHO的严重缺位

中国企业人力资源管理能力偏弱的问题近十年已经得到改善，但是这个问题依然困扰着许多持续快速发展的企业。

"公司的业务机会很多，人员老是跟不上。"
"公司IPO（首次公开募股）后并购了很多企业，就是派不出人去管理。"
"公司规模在扩大，能胜任的人却总是捉襟见肘。"

很多次在中国企业家论坛上演讲时，我都会提出两个问题让大家回答，大多数情况都与以下结果相近：

（1）我公司在发展中遇到的最大瓶颈是人力资源问题。

  A. 是（91%） B. 否（9%）

（2）我公司人力资源第一负责人（除董事长和总经理之外）在公司高管中排名在前五位。

  A. 是（16%） B. 否（84%）

91%的企业家认为公司发展的最大瓶颈是人力资源问题，但是将人力资源第一负责人排在公司高管前五位的只有16%。

许多参加私人董事会（以下简称私董会）的企业家都发现一个现象，私董会讨论的话题一半以上都是有关人力资源的话题。在我主持和参与过的近百场企业家私董会中，遇到讨论人力资源管理跟不上公司发展的问题时，我都会对案主提出前面提到的两个问题。

问题一："影响你公司发展的最大瓶颈是什么？"

绝大多数企业家对问题一的回答是："是人的问题。"

问题二："你公司的人力资源第一负责人在公司所有管理者中排名第几位？"

有的案主回答："我公司人力资源第一负责人排名第 8 位左右。"

有的案主回答："我公司人力资源第一负责人排名第十几位。"

有一位案主摸着头自嘲说："我公司人力资源第一负责人排名快到第 30 位了。"

中国品牌营销大师叶茂中认为，绝大多数痛点都来自"冲突"。我认为许多企业人力资源管理跟不上公司发展的痛点，就缘于这样一个"冲突"：

人力资源成为阻碍企业快速发展的最大瓶颈，与企业并没有将人力资源管理工作放在最重要的位置、没有将人力资源工作交给最有能力的人去做之间的冲突。

企业存在上述瓶颈与冲突的根源在于，企业 CHO 严重缺位，导致无法从根本上解决人力资源支持企业发展的问题。

越来越多的企业家在寻找 CHO

越来越多的企业家在寻找 CHO，原因有三：

其一，企业规模增长的"做大"需求，需要更多的优秀人才。

其二，企业高质量发展的"做强"需求，需要企业不断提高管理能力，加强内部协同，提升人均效能。

其三，企业持续发展的"做久"需求，需要企业培育组织能力。

在整个中国经济与社会的变革转型期，大量的中国企业仍然保持着持续增长的势头。在这样的背景下，企业"做大、做强、做久"的需求，需要强大、专业的人力资源部支撑，而一个企业能否拥有一个强大、专业的人力资源部，取决于企业有没有一个胜任的 CHO。

这么多的企业在寻找 CHO，表明找对 CHO 已经是企业面临的相当普遍和急迫的问题，而企业家在寻找 CHO 的道路上却被许多认识上的误区所羁绊，盲目地引进不合适的 CHO，给企业造成了诸多损失和伤害。

企业家需要一本关于 CHO 的书

面对我的管理咨询客户、企业家朋友，面对他们对 CHO 的渴求，面对他们对 CHO 的困惑和认识误区，我感到用一个"收藏"的信息简单回复是不够的，即便是通半小时电话或者当面交谈也是不够的，无法根本解决大多数企业家找对和用好 CHO 的问题。于是我萌生了一个想法——写一本帮助企业家找对并用好首席人才官的书。

《找对首席人才官》的写作目标

在写书之初，我和我的同事，确定了这本书的 6 个目标：

目标一，提升企业家对 CHO 岗位的重视程度。

目标二，纠正企业家对 CHO 的价值、寻找和使用上的认识误区。

目标三，指导企业家正确理解寻找 CHO 的有效途径。

目标四，给出中国企业 CHO 精准画像和识别方法。

目标五，指导企业家如何与 CHO 共同塑造企业组织能力，实现持续发展。

目标六，为中国企业家提供一本系统认识和发挥 CHO 作用的实践指导书。

《找对首席人才官》的内容框架

要把 CHO 的问题说清讲透，需要一个完整的框架。本书的框架几经锤炼，我们确定从四个层面展开对 CHO 的阐述（见图 0-1）：

- CHO 是什么？
- CHO 在哪里？
- CHO 做什么？
- CHO 与 CEO 的关系是什么？

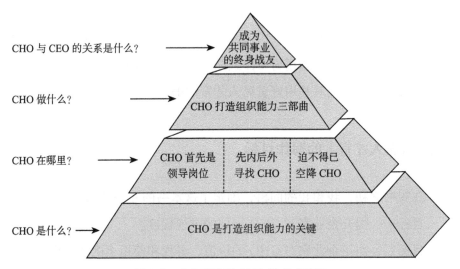

图 0-1　企业家找对 CHO 的成功路径

CHO 是什么

CHO（chief human resource officer）是首席人才官的英文简称，又称首席人力资源官等，是公司人力资源管理第一负责人，是公司高级管理岗位之一。CHO 负责制定公司人力资源战略规划并监督执行，负责建立畅通的沟通渠道和有效的激励机制，全面统筹公司人力资源管理工作。

虽然很多人习惯认为"首席人才官"只是大型企业或集团公司才需设置的一个职位，但我们还是希望通过本书将首席人才官的使用推广到所有企业。首席人才官在本书中的概念要比大家以往了解的更为广泛，本书中定义的"首席人才官"有两个重要特征。

- 特征一：首席人才官是除公司董事长和 CEO 之外的公司人力资源第一负责人。
- 特征二：首席人才官是除公司董事长和 CEO 之外排名前五的高管。

为什么我要强调"除公司董事长和 CEO 之外"？董事长和 CEO 要全面负责企业经营管理，即使公司的人力资源管理由董事长或 CEO 分管或者直接负责，他们也没有时间和精力对人力资源进行系统、深入和专业的管理，以我的经验来判断，这样的分管或者直接负责等同于"不管"。

为什么我要强调是"除公司董事长和 CEO 之外排名前五的高管"？因为如果不是由公司排名前五的高管来负责人力资源工作，这家公司的人力资源管理就不可能上升到战略层面。有些公司除董事长和 CEO 之外的人力资源第一负责人在公司中排到了 10 名开外，有些甚至排到了 20 名开外，这样的公司实质上就是"首席人才官"严重缺位。

识别"伪 CHO"

许多企业对 CHO 的画像认识不清,没有识别出一些貌似 CHO 的"伪 CHO",给企业带来了风险或影响了企业发展。我们对典型的三种"伪 CHO"进行了生动形象的描述:

- "专业控"型 CHO。
- "办公室主任"型 CHO。
- "本位主义"型 CHO。

企业家如果看了书中这三种"伪 CHO"的典型行为描述,一定会提升对 CHO 的识别能力。

描绘 CHO 精准画像

什么是胜任的 CHO?德锐咨询公司通过研究与经验总结,提出了成功 CHO 的五项领导能力模型(见图 0-2),从当前 - 未来和个人 - 组织两个维度描绘 CHO 的画像。

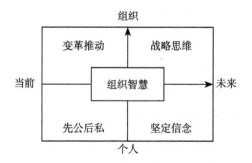

图 0-2 成功 CHO 的五项领导能力模型

先公后私、坚定信念、战略思维、变革推动和组织智慧是一个 CHO

必须具备的五项领导能力，缺一不可。

CHO 首先是领导岗位，其次才是专业岗位

"过多强调 CHO 的专业性，而忽视 CHO 的领导力"，是多数企业对 CHO 存在的认知偏差。这导致了企业在寻找 CHO 时，存在两大理念上的误区。

- 误区一：把 CHO 看作专业岗位，更多以专业知识和能力作为选拔标准。
- 误区二：好的 CHO 一定要从外部引进。

这两大误区让企业家偏离了找到优秀 CHO 的轨道：

第一，在选择 CHO 时，对公司内部品质优秀的业务高管视而不见。

第二，不断从大企业、外资企业、管理咨询公司引进资深的 HR 专业人士做 CHO，但是多数有这些背景的 HR 人士无法胜任，给公司带来的是一番鸡飞狗跳、怨声载道的"变革"，折腾了一两年，效果不佳，空降 CHO 仓皇逃离，给公司留下一个"变革半成品"。

那么，空降的 CHO 为何大多失败？

原因是，空降的 CHO 并不是企业家自己想招的 CHO。

CHO 是塑造组织能力的关键推动者

许多企业度过了生存期，发展到了上亿甚至十亿元的营收规模后，出现发展停滞和徘徊的状况。主要原因是企业家、CEO 忽视了组织能力的提升，导致组织能力与企业发展不同步。

事实上，组织能力是企业持续发展的关键，而 CHO 是打造组织能力的关键推动者。本书的重要价值之一，就是明确了 CHO 是企业塑造组织

能力不可或缺的重要角色。

本书提出：在企业组织能力的提升中，"CEO 是舵，CHO 是桨"，为提升组织能力，CEO 和 CHO 需要通力合作。

CHO 在哪里

成功 CHO 内部培养的占大多数，外部空降的占极少数

成功的 CHO 多数是内部培养的，还是外部空降的？我们经过调查发现（见表 0-1）：

表 0-1　内部培养的 CHO 和外部空降的 CHO 数量对比　　（单位：人）

调查对象	内部培养的 CHO	外部空降的 CHO
华为	5	0
阿里巴巴	3	1
沃尔玛中国	4	1
TCL	3	0
合肥企业家论坛	12	2

华为历任 5 位 CHO 都来自内部培养。

阿里巴巴历任 4 位 CHO 中，3 位是内部培养，1 位是外部空降。

沃尔玛中国历任 5 位 CHO 中，4 位是内部培养，1 位是外部空降。

TCL 3 位 CHO 都来自内部培养。

在合肥举行的一次企业家论坛上，我做了同样的调查，得到如下结论：有胜任 CHO 的 14 家企业中，12 家企业的 CHO 是内部培养的，仅有 2 家企业的 CHO 是外部空降的。

成功的 CHO 内部培养的占大多数，外部空降的占极少数。既然成功的

CHO 大多来自内部培养，为什么这么多企业总想去外面寻找 CHO？

企业总想去外面寻找 CHO，除了上述两大认知误区的原因，还存在个别成功空降的 CHO 被过度宣传的原因。

空降 CHO 一旦成功，企业很乐于对其进行宣传，公众媒体也喜欢关注和传播，并加大对其传奇性色彩的渲染。这会将空降 CHO 成功这种小概率事件炒得众人皆知，尤其是被求才心切的企业家所关注。与此相对的两类情况往往被企业家忽视。

大量空降失败的 CHO 没有被关注。空降失败 CHO 的情况，企业羞于公开，CHO 本人也多会悄无声息地离开。虽然空降 CHO 失败的例子非常多，失败的概率也很高，但是很多都不为人所知。

大量内部培养成功的 CHO 没有被宣传。公司内部培养成功的 CHO，没有传奇的跳槽故事，媒体没有报道传播的兴趣，企业也无太大宣传兴趣，没有人去谈论和总结，所以内部培养成功的 CHO 大都不为人所知。

以上现象导致许多企业家误以为 CHO 应该从外部寻找。但我们坚定地奉劝企业家：**CHO 以内部培养选拔为主，不到万不得已不要空降 CHO**。

先内后外寻找 CHO

内部选拔的 CHO 往往成功率更高。这是因为他们具有天然的优势，他们更能认同公司文化，更能获得内部认同，而且也更加容易被识别。企业要将寻找 CHO 的眼光投向内部，从内部排名前五的高管中，从具有业务思维的 HR 管理者中，以及从具有领导力的业务管理者中选拔合适的候选人。对于 HR 专业出身的候选人，要通过轮岗或导师制重点培养其业务思维；对于业务出身的候选人，则通过配备专业 HR 执行人员、去商学院进修、寻找外部教练等方式重点提高其人力资源管理的专业能力。

如果内部确实没有合适的人选，企业迫不得已要选择外部空降CHO，优先选择降级空降法，不要直接空降CHO，另外也一定要做好充分的准备，帮助空降的CHO更好地融入公司，成功落地。

无论是内部培养还是外部空降，企业家都要形成这样一个认识：不要期望有一个完美的CHO在那里等着你发现，要有"先付出"的勇气，先重视起来、先培养起来、先准备起来，只有投入足够，才能换来理想的结果。

选择CHO策略：放宽冰山上，坚守冰山下

我们强调"CHO首先是领导岗位，其次才是专业岗位"，就是提醒企业在选择CHO时首先要考察冰山下的领导力素质，而不是人力资源专业技能。

CHO是否具备人力资源工作经历并不是最重要的，重要的是冰山下的五项领导能力——先公后私、坚定信念、战略思维、变革推动和组织智慧是否都具备。其中，"先公后私"是CHO能否胜任的关键决定项。CHO是企业文化的代表，CHO的决策和行动影响着企业中几乎每个人的利益及企业的发展，如果不能从公司整体的利益出发思考和决策，将会存在极大的风险。

对于CHO冰山上的能力，包括人力资源专业能力和业务思维等，可以通过有意识的培养快速改善提升，在选择CHO时，可以放宽对专业的要求。

对于如何找到CHO，本书详细介绍对内通过持续的人才盘点方法去寻找和挖掘，对外用好精准选人的六道关去选拔。

这里，我们提供一个识别 CHO 的"CHO 人才画像卡"（见表 0-2），也提供了考察 CHO 五项领导能力的提问问题，可供企业家"按图索骥"。

表 0-2　CHO 人才画像卡

冰山上 （经验技能）	1. 人力资源管理成功经验 2. 有业务工作经历
	提问库
冰山下 （领导能力）	**先公后私**：请介绍一个为了维护组织的利益，你自己做出让步和牺牲的例子 **坚定信念**：请介绍一个你在困难的情境或环境下坚守组织信念的例子 **战略思维**：请介绍一个你为公司长远发展做出前瞻性部署并得以有效实施的例子 **变革推动**：请介绍针对公司面临的一个长期没有解决的问题，你通过克服困难、努力推动，最终实现改变的例子 **组织智慧**：请介绍一个你敏锐洞察和有效推动，解决了公司面临的一个复杂且难解决的问题并赢得大多数人认可的真实例子

CHO 做什么

要的是赛车的设计师和制造师，而不是赛车手

CHO 的一个核心价值是，对企业原有的管理体系、方法、工具进行变革，建立新的人力资源管理体系。

大多数企业的资深 HR 是 HR 体系的运行者或运行高手，而并非 HR 体系的设计者和变革推动者。作为优秀的赛车手，并不见得能够设计和制造赛车，同样，大多数所谓资深的 HR 从业者，没有经验和能力帮助企业推倒原有的做法，或推进组织变革和建立新的人力资源体系。

很多企业引进 CHO 的目的是对公司原有做法进行变革，但通常引进的 CHO 只是具备 HR 专业技能，有 HR 专业管理的经验，没有组织变革的经验。

这就好比想招一个赛车的设计师和制造师，招来的却是赛车手。

CHO 如何打造组织能力

北大方正集团总裁谢克海先生是从 CHO 岗位成功走向 CEO 岗位的优秀代表。对于 CHO 该做什么及进阶路径,他有精辟的总结。

CHO1.0 阶段:仅仅是站在人力资源的角度来解决人的问题。

CHO2.0 阶段:能够站在组织的高度来解决人的问题。

CHO3.0 阶段:能够站在组织的高度来解决组织能力提升的问题。

谢克海所讲的 CHO3.0 阶段正是 CHO 应该担负的首要任务:**打造组织能力**。

在"组织能力"成为热门话题的当下,有两个问题亟待澄清:

第一,谁该为打造组织能力负责?

第二,打造组织能力究竟要做什么?

本书明确回答了这两个问题。

首先,打造组织能力的角色分工是,"CEO 是舵,CHO 是桨"。

其次,打造组织能力需要由 CHO 推动完成三项工作:

第一,将个人能力复制成组织能力。

第二,将短期增长变为长期增长。

第三,将一代人的成功传承为持续的成功。

这些工作是一个企业持续成长所必须解决和跨越的难题,也是企业发展到一定规模时,企业家最关心、最需有人承担责任的问题。

将 CHO 的角色明确为打造组织能力的重要承担者和关键推动者,并且列出打造组织能力时 CHO 需要承担的具体工作,这是本书对组织能力打造工作的一项重要研究贡献。

CHO 和 CEO 的关系是什么

本书的最后一章提出 CHO 与 CEO 关系的终极目标：**成为企业家共同事业的终身战友。**

CHO 和 CEO 的关系是什么？

本书给出了 CHO 与企业家或 CEO 关系发展的四个阶段：

"缺乏信任的上下级关系"→"基于目标的工作关系"→"值得信赖的合作关系"→"共同事业的终身战友关系"。

这样划分阶段，为企业家或 CEO 提供了与 CHO 建立长久信任、深度信赖、值得托付的共同事业战友关系的方法。

这种关系就像赵刚之于李云龙、康纳狄之于杰克·韦尔奇、彭蕾之于马云，企业家事业的成功需要这种关系中的 CHO 好帮手。

致 谢

从 2018 年 6 月打算启动《找对首席人才官》这本书的编写，到本书交稿，我们经历了 16 个月的时间。这本书的写作之难超出我们的预料，关于如何找对 CHO 的问题，并没有太多的成熟经验供我们参考。原本计划 2018 年年底才写，但企业家和企业对 CHO 的渴求成为推动我们持续研究的力量，在写作的过程中，这本书的成果在我们的眼前逐渐展现开来：

1. 揭示当今中国企业对 CHO 重视度不高的问题。
2. 揭示企业家对 CHO 认识上的误区和根源。
3. 提出 CHO 的五项领导能力模型。
4. 提出找对 CHO 的方法。
5. 研讨如何发挥 CHO 的作用以提升组织能力。
6. 帮助企业家与 CHO 成为共同事业的终身战友。

本书能顺利出版承蒙很多人的支持，在此谨对他们表达诚挚的感谢。

感谢参与 CHO 调研的企业家和 CHO 朋友的支持。

感谢机械工业出版社张竞余老师的支持。

感谢中欧校友、正和岛企业家和我朋友圈热心的伙伴对《找对首席人才官》这个书名的投票建议。

感谢参与写书的同事：刘玖锋、孙克华、封利、陈嫒、乔小磊、应心凤、曹凯悦。本书是我们凭借坚韧不拔的意志，研究、研磨、研讨、共创出来的结果。同时，感谢写书小组之外的同事承担了大量的工作，给予写书小组时间上的支持。感谢参与本书校对的同事，本书是反映我们团队智慧的成果。

我们对于 CHO 的研究、探索永无止境，永不停步。

Precise
Selection of
CHO
—— 第一章

让企业家辗转反侧的 CHO

如果 CHO 缺席，很多关键人才的争夺，
结果恐怕会是竹篮打水一场空。

——拉姆·查兰

人的问题已经成为企业家关注的首要问题

中国改革开放 40 多年来，造就了一大批优秀的企业，过去企业家只需要凭借单一的技术优势、资金优势、资源优势就能抓住市场机会，跨越障碍，赢得发展。但随着商业环境的不可预测性越来越强，政策变化越发频繁，客户需求越来越多元化，市场竞争也越发激烈，企业经营越来越艰难，挑战越来越大，企业家在与这些挑战的对抗中不断思考和寻找制胜之道。而让他们越来越感到力不从心的根源，就在于一个曾经被忽视的问题——"对人的管理"。遇到"人"的问题，似乎原来的商业做法都不灵了，并且这些问题持续困扰着企业家。

"人的问题"名列全球 CEO 面临的十大挑战之首

在全球范围内，"人的问题"也是困扰企业家的首要问题。2015 年，麦肯锡全球研究院与万宝盛华全球的一项联合调查显示，**CEO 的第一忧虑是，如何找到、留住公司所需的优秀人才**。自 1999 年起，世界大型企业联合会每年邀请全球各地的董事长和 CEO 参与调研，请他们指出在当前及未来面对的最具挑战性的问题。历年调查结果显示，**人的问题始终是 CEO 面临的最大挑战**。2014—2018 年全球 CEO 面临的十大挑战排名如表 1-1 所示。

表 1-1 2014—2018 年全球 CEO 面临的十大挑战排名

时间＼挑战项	人力资本	客户关系	创新	运营挑战	企业品牌与声誉	全球政治/经济风险	政府管制	可持续性	全球/国际化扩张	商业信任
2014 年	第二名	第五名	第一名	第三名	第六名	第七名	第九名	第四名	第十名	第八名
2015 年	第一名	第五名	第二名	第四名	第六名	第七名	第八名	第三名	第十名	第九名
2016 年	第二名	第五名	第一名	第三名	第七名	第六名	第九名	第四名	第十名	第八名
2017 年	第一名	第五名	第二名	第四名	第七名	第六名	第八名	第三名	第九名	第十名
2018 年	第一名	第五名	第二名	第三名	第六名	第七名	第八名	第四名	第十名	第九名

资料来源：世界大型企业联合会 CEO 历年调查数据。

中国企业家私董会讨论的主题 60% 是"人的问题"

近几年，中国企业家私董会发展得如火如荼，企业家私董会讨论的主题 60% 都关于人的困惑与难题：

- 公司开辟了新业务却无人可用。
- 人工成本居高不下，人均效能持续走低。
- 和公司一起创业的元老激情减退，难以再创辉煌。
- 外部的优秀人才引进不来，内部员工又培养不起来。
- 企业家很难找到合适的接班人。
- 企业战略转型内部难以达成一致，阻力重重。
- 公司规模大了，团队凝聚力减弱，事业部总经理业务能力很强，但出现"集体叛逃"迹象。

"人的问题"之所以成为企业家面临的主要问题，是因为：

（1）随着科技的发展，企业对优秀、高端人才的依赖性越来越强。现在很多专家、学者对数字化转型产生了一种恐慌，误认为科技的发展将降低对人的依赖，机器将取代人。但是作为中国工业数字化转型先锋人物的菲尼克斯中国总裁顾建党先生有不同的看法，他被誉为最懂人力资源的企业家，他是这样看待科技与人的关系的，"21 世纪不是人被机器取代，而是加大了企业对优秀人才的依赖。缺乏能力的人提供的数据是无效的数据、垃圾数据，缺乏品德的人提供的数据是不真实的、被歪曲的、让你不敢用的数据。科技重要，人才更重要。"随着科技的发展，很多低端操作类和标准化的工作将会被机器取代，但是越是复杂的岗位，越是高端的岗位，对优秀人才的依赖越大。

（2）企业发展到上亿规模之后，更依赖的是组织能力而不是个体能力。 规模效益不是大了才产生，规模效益的实质是在规模扩大的同时，就要增强组织的协同作用，克服单个线性管理存在的弊端，进而产生组织的协同效应。规模越大的企业，遇到"人的问题"的挑战就越大。

企业家需要依靠 CHO 解决"人的问题"

"人的问题"如果不能得到有效解决，就容易导致企业家在面临其他商业挑战时顾此失彼，错失良机。阿里巴巴在发展壮大的过程中也遇到类似问题，但最终依赖 CHO 有效应对了"人的问题"。2005 年，马云在观看《历史的天空》和《亮剑》等电视剧时，意识到政委体系在军队管理中的巨大作用。进一步延伸后，他发现，从意大利共和军到法国大革命，从苏联红军到中国人民解放军，政委在协助军事将领建队伍、打胜仗方面起着不可或缺的作用。自此，马云着手在阿里巴巴建立"政委"体系，陆续从外部引进关明生、邓康明等优秀 CHO，内部提拔了彭蕾等优秀人才担任 CHO。CHO 作为阿里巴巴的"政委"，在人才管理的系统化、专业化以及实效性等方面发挥了重大作用，有效应对了"人的问题"的挑战，支撑了阿里巴巴的快速发展和持续增长。

戴维·尤里奇认为："无论今天或未来，管理者始终面临各种竞争挑战，这要求公司具备卓越的组织能力。而要实现卓越的组织能力，公司就必须在学习、团队合作以及流程再造几个方面下功夫，在这背后起推动作用的因素就是组织的做事方法和对待员工的方式。简单地说，要实现卓越的组织必须靠人力资源部。"所以"人的问题"要靠强大的组织能力予以解决，而组织能力不是一朝一夕能够打造起来的，不是定好策略就能坐享其成的。提升组织能力需要花费巨大的时间与精力，而CEO往往在疲于应对其他商业挑战的同时，无暇顾及组织能力的打造。如果企业有一位优秀的CHO来协助企业家建好团队、凝聚人心、打造好组织能力，那么企业家更能妥善解决人才管理中的种种困惑，更能从容地应对各种商业挑战，从而更快地实现战略目标。

拉姆·查兰在《人才管理大师》一书中讲到了一个CEO找对CHO以推动组织转型成功的故事。意大利联合信贷银行是欧洲最大的银行集团之一。该公司CEO亚历山德·普罗富莫在实施公司整合与战略转型时，牢牢把握人才驱动战略的理念，在变革前寻找到一位优秀的CHO里诺·皮亚佐拉作为他的助手，合作推动战略转型。里诺·皮亚佐拉曾在通用电气HR部门工作了长达9年的时间，还曾在意大利和美国工作。作为CHO，里诺·皮亚佐拉帮助CEO亚历山德·普罗富莫统一了欧洲区组织的价值观，通过重新阐明公司的价值观及文化理念，成立了"团结篇章日""管理人员督察小组"，实施人才更替、高管培养等变革措施，最终实现了跨国团队的良好合作，增强了联合信贷银行的竞争优势，帮助联合信贷银行成为世界上为数不多的每季度均盈利的银行之一。

在解决"人的问题"上，企业家最关键的任务是找对CHO，让他们成为自己的助手来帮助企业打造组织能力，以支撑自己的战略想法得以实现。但实际上并不是所有的企业家都能像马云那样，幸运地遇到诸多优秀的 CHO。大多数企业缺少优秀的 CHO 帮助企业家解决"人的问题",因此企业家在面临"人的挑战"时往往力不从心、辗转反侧、夜不能寐。

企业家对 CHO 的"三大困惑"

德锐咨询公司 2018 年关于中国企业家对目前 CHO 胜任能力的评价(见图 1-1)的调研结果显示:

(1)企业家对于 CHO 不满意以及很不满意的比例达到了 32%。

(2)企业家对于 CHO 满意及很满意的比例合计只有 24%。

37% 的企业家认为在外面找不到好的 CHO。

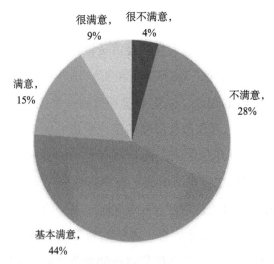

图 1-1 企业家对目前 CHO 胜任能力的评价

我们结合多年来的实证研究发现,企业家在寻找优秀的 CHO 方面辗转反侧的原因如图 1-2 所示,主要存在三大困惑,即"现有的不胜任、外面的找不到、优秀的又太贵"。而饱受这些困扰的原因其实在于企业家对 CHO 的认知和了解不够深入，不知道 CHO 对企业来说到底意味着什么，不清楚 CHO 的胜任标准，以及不知道去哪里寻找 CHO。把这些问题搞清楚了，也许企业家在寻找 CHO 的道路上会豁然开朗，柳暗花明。

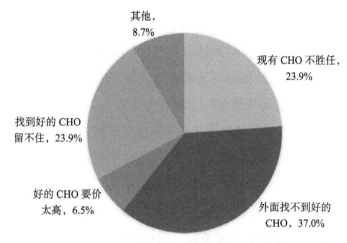

图 1-2　CHO 让企业家辗转反侧的原因

现有的不胜任

"一千个人心中有一千个哈姆雷特"，但是"一千个人心中只有一个优秀的 CHO"。优秀的 CHO 能够时刻关注企业战略发展，并通过人才整合、组织优化、文化塑造等方式打造组织能力，支撑战略目标的实现。但是从实践来看，很多企业的 CHO 并不胜任当前岗位，没有发挥其应有的作用和价值。明显不胜任的 CHO 主要有以下三类。

1. "专业控"型 CHO

"专业控"型 CHO，表现出唯专业论，工具方法、专业术语对他们来讲信手拈来，但忽视了业务需求和价值创造，一到方案落地实施就遇到万般障碍，陷入专业深井。

彼得·德鲁克在《管理的实践》中曾提及石匠的故事。有人在一个工地上看到三个石匠，就分别问他们在做什么。第一个石匠回答："我在养家糊口。"第二个石匠边敲边回答："我在做全国最好的石匠活。"第三个石匠仰望天空，目光炯炯有神，说道："我在建造一座大教堂。"

德鲁克对于三个石匠的点评分别是，"第三个石匠才是真正的管理者"，第一个石匠"或许能以一天的劳力换取合理的报酬，但他不是个管理者，也永远不会成为管理者"，"麻烦的是第二个石匠"，企业应该"鼓励员工精益求精，但是专精的技艺必须和企业整体需求相关，而大多数企业管理者都和第二个石匠一样，只关心自己的专业"。

"专业控"型CHO看起来严谨、专业，但是实际上和故事中的第二个石匠并无二致，他们精心打磨自己的技能，却往往容易忽略业务需求而陷入专业的泥潭中不能自拔。"专业控"型CHO经过多年的学习、历练以及经验的积累，熟练掌握多种专业工具和方法，深入学习、研究理论界的新思维和新方法，并以掌握新的专业技能为其成就感的主要来源。但同时往往会掉入"专业深井"，一叶障目。

"专业控"型CHO往往仅从人力资源管理专业角度出发思考问题，解决问题也更多地考虑方案的专业和精美，而忽略了战略高度、全局性和系统性，最终导致方案对现实情境的适用性、对业务发展的支撑性以及对人才管理的有效性很低。过度强调专业性，往往使这类CHO限于专业，难以创造真正的价值。

"专业控"型的CHO的典型行为：

- 固执己见，教条主义，总拿专业术语"吓唬人"。
- 以自己的HR工作年限来强调专业权威。

- 喜好管理上的新概念，追求专业时髦。
- 脱离业务实际，花大量的时间、精力打磨人力资源管理的制度和工具。
- 经常坐在办公室讲政策、发布制度，而不是到一线解决业务问题。

不得不叫停的任职资格

联发公司是一家电子制造公司，以制造智能电器的零部件为主营业务，现有200人。公司自成立以来积极开拓市场，开发新产品，营业额逐年稳步增加。近年来，公司已成为华东地区智能电器制造行业的头部企业。

近年来，公司在不断发展的过程中发现：公司内部人才晋升标准不够清晰，职业发展体系缺失，员工不了解自己的发展目标，越来越感觉在公司没有发展空间。这些情况造成了一定程度的人员流失。

公司的CHO罗志强为了解决这个问题，看了一本介绍华为任职资格的书，之后他多次在会议上强调任职资格管理的重要性，并积极提议借鉴华为的任职资格管理模式，推进公司的任职资格管理。听完罗志强的建议后，CEO认可了此项工作的必要性。因为建立任职资格体系能够清晰描述各序列岗位的任职标准，有助于建立人才选择、人才激励和培养体系框架。之后罗志强立刻组织人员，参照本行业标杆企业任职资格体系构建方法，建立不同序列的任职资格标准，最终形成了一套本企业的纸质版手册。在这本手册里每个岗位都有清晰的晋升标准，公司的人才培养也可以依据任职资格的细项来进一步细化。可以说，这项工作在一定程度上完善了企业内部人力资源管理制度。

虽然形成了完善的任职资格手册，但任职资格标准在推行的过程中并不顺利。一方面，罗志强从专业性的角度出发，认为任职资格应该高标准、严要求，所以在任职资格的标准设立上设置了较高的学历、职业资格证书等条件，导致任职资格的整体条件都高于现有员工的资格。如果严格按照任职资格标准，一些经验丰富，表现良好的老员工就只能定位在较低的级别。另一方面，以任职资格为标准进行外部招聘，也很难招聘到符合要求的人才，真正优秀的人才很有可能因某个硬性条件不过关而错失。实际上，联发公司正处在高速发展的黄金时期，建立规范化的任职资格体系的确有利于人才的培养和发展，但是不拘一格用人才是现阶段应该抓住的重点。很多老员工虽然不符合新建立的任职资格硬性标准，但是拥有丰富的成功经验以及相关的业务资源，这对于正在发展的企业来说至关重要。然而，该企业的CHO罗志强坚决严格贯彻任职资格体系，一方面，打击了老员工的积极性；另一方面，为了做好任职资格的岗位知识技能梳理、认证评价等工作，占用了业务管理者的大量时间，导致大家苦不堪言。任职资格的梳理不仅没有起到期望的作用，反而导致了更多员工的流失。最后，该项制度不得不被CEO叫停，任职资格的推行不了了之。

（备注：本书案例中的企业名称、人物姓名除知名企业和人名外均为化名，请勿对号入座。）

上述案例中，CHO罗志强的出发点是好的，但是在执行方面缺乏一定的灵活性，没有考虑现实情况，以及强硬推行对公司运营造成的负面影响。标准建立之后，应该先让大家理解、认同，通过宣贯让员工了解自身努力和发展的方向。在初次定级时，结合现状会更具灵活性，可以设定一定的定级原则，先进行粗略的定级，经过 1～2 年，员工熟悉标准并做出努力后，再按照该标准进行认证定级，届时大家的接受度和认可度就会更高。

专业不等于胜任，优秀的 CHO 应既看得见当前，又看得见未来；既能掌握专业，又能运用专业真正解决问题。

2."办公室主任"型 CHO

"办公室主任"型 CHO，往往只是响应领导的指令，缺少独立判断能力，唯领导的想法和提议"马首是瞻"，从不主动思考，总是被动执行。他们通常勤奋忙碌着，但是很少认知到公司的变化对自身能力提升的要求。

一般来说，"办公室主任"型 CHO 有如下特点：

（1）**只关注领导需求，忽视业务需求**。"办公室主任"型 CHO 的日常工作常常围绕着其领导展开，一切以领导的意见和想法为中心，缺少独立思考的能力，也很少发表自己的想法和观点，更多的是被动执行领导的指令和决策，缺乏业务思维，难以从支撑业务发展的角度出发提出具体解决方案。

（2）**只关注人际关系，忽视专业提升**。"办公室主任"型 CHO 在人际关系方面的能力较强，他们关注员工动态，他们和下属之间往往是一种"上级"+"朋友"的关系，不仅关切员工的工作，也关心员工的生活。同时，他们在行事过程中往往过于照顾员工情绪，不愿意得罪人，规避冲突，是大家心目中的"老好人"。他们也往往忽视专业能力的学习和提升，很难做出有价值的工作成果，尤其是当领导想法还不确定，需要决策参考和智囊时，"办公室主任"型 CHO 难以及时补位，难以提供有价值的意见和建议，虽然做了很多事，但难以产生价值。

（3）**只关注应急救火，忽视系统长远规划**。CHO 作为企业人力资源的领导者，需要时刻关注企业的战略走向，依据战略制定并推动相应的人力资源管理战略举措，帮助企业打造组织能力。但是"办公室主任"型CHO往往缺乏长期规划的系统思维和能力，更多关注常规事务性或短期突发性问题。这类事务更多的是呈现琐碎、繁杂、紧急的特点，并且呈点状分布，解决起来往往头痛医头、脚痛医脚，难以产生机制化的解决方案。忙碌的工作并没有创造出其应有的价值，从长远来看，容易使企业在打造组织能力方面错失良机，增加机会成本。

"办公室主任"型CHO的典型行为：

- 领导一发言就拿出本子记。
- 工作重心围绕领导转，领导提出的问题就立马开会布置。
- 领导发言之后很少发表自己的不同意见。
- 很少主动提出系统的长远的解决方案。
- 让日常的管理问题重复发生。

拨一下动一下的CHO陈天

陈天是一家零售企业的CHO，作为公司的老员工之一，陈天用10年的时间从行政专员晋升为CHO。然而，2年的CHO工作让陈天越发感到疲惫。公司一直存在新老员工薪酬倒挂的现象，老员工的不满情绪日益高涨，有人直接反映到了CEO蔡奇文那里。蔡奇文知道后，立刻找来陈天，先是批评陈天管理失察，又命令陈天在一周之内解决问题。

其实薪酬倒挂现象在公司已经出现一段时间了，也有人向陈天反映过，但是陈天一直都没有放在心上。直到蔡奇文发现，陈天才意识到事情的严重性。离开蔡奇文的办公室之后，陈天一改平时满脸笑容的样子，忧心忡忡地连夜召开人力资源部紧急会议，针对薪酬倒挂现象探讨解决方案。接连一周，陈天都在与部门员工讨论调整方案和测算结果，每天加班到深夜，每次讨论后的方案都在第二天向蔡奇文汇报，每个薪酬调整的特殊情况都要请示CEO，在得到批准之后再实施，最后终于解决了问题。

第二天，蔡奇文又找到了陈天，问他为什么这一周出现了5名骨干提出离职的情况，并命令陈天尽快找出原因，降低损失。陈天马不停蹄地召开紧急会议，开始了又一轮问题的解决。

据人力资源部的其他同事反映，这种解决突发事件的情况在人力资源部是一种常态，每个人都处于高度紧张的状态，永远不知道下一秒又会出什么纰漏，人力资源部仿佛成了人事紧急事件解决部门，缺乏基本的规划和问题预防机制，不只是CHO陈天，每个人都很疲惫。

案例中，陈天作为企业的CHO，未能以企业和员工为中心，缺乏对问题的敏锐洞察力和系统性的思考能力，未能从制度和机制的角度分析问题发生的原因并建立防范机制，只是应急式地处理当前问题。正像戴维·尤里奇的观点，"人力资源部门不应该关注做了什么，而应该关注产出是什么"。一个优秀的CHO不应该仅仅帮助企业解决突发性的人事问题，更应该帮助企业构建人力资源体系，设计顶层机制，系统解决公司的问题。同时，一个优秀的CHO也不应只以领导为中心，而应以业务和员工为中心，帮助员工成长，为企业创造价值。

3."本位主义"型CHO

除了"专业控"型CHO和"办公室主任"型CHO，还有一种对于企业危害更大的CHO，那就是"本位主义"型CHO，企业家尤其要警惕这种类型的CHO。具体来说，"本位主义"型CHO主要有以下两个特点。

（1）"先私后公"而不是"先公后私"。吉姆·柯林斯在《从优秀到卓越》一书中提到，"第五级经理人"（Lever 5 Leadership）对于帮助企业从平庸到卓越的转型和跨越具有举足轻重的作用。而"第五级经理人"所具有的特质有三方面，即公司利益至上、坚定的意志和谦逊的个性，其中的首要特质则是"先公后私"，也就是公司利益至上。

"本位主义"型CHO更多的是关注自身利益，而非公司整体利益和长远利益，当公司的利益和个人的利益发生冲突时，他们更重视个人的得失而可能做出不利于组织的决策和行动。他们倾向于努力凸显本部门的工作业绩，将其他优秀的管理者视作仕途的威胁，从而在协作上偏于被动和消极；他们忌惮"后来者居上"，不愿意引进或栽培优秀的继任者；他们认为变革是高风险行为，在组织转型的紧迫关头，往往事不关己，按兵不动。哈佛大学发展心理学家鲍勃·基根认为，在大多数公司，人们都在从事两个工作：一个是他们自己实际的工作，另一个是努力给别人留下自己如何工作的良好印象的工作。"本位主义"型CHO的工作主要目标恰恰就是努力给别人留下自己如何工作的良好印象。

（2）缺乏担当。管理大师彼得·德鲁克在《创新和企业家精神》一书中指出，企业家是敢于承担风险和责任，开创并领导了一项事业的人。CHO作为企业核心高管之一，也需要有这样的担当，优秀的CHO除了做好自己分内的事情，同时也敢于承担别人不敢承担的事情，他们勇于推动公司的组织变革，甘愿冒得罪人、失败、高管质疑的风险，主动承担起对公司发展有利的工作。

"本位主义"型CHO出于自身利益最大化的考虑，在解决问题时更多地考虑投入产出比，对于员工提出的问题或建议，反应迟缓，消极应对；在本部门的工作出现问题时，缺乏担当，倾向于将原因归咎于外部，遇到对公司发展不利的事情，只要无人提出，就会有意识地回避。这类 CHO 对企业的发展具有较高的风险。

"本位主义"型 CHO 的典型行为：

- 处理公司事务时能显示公平性，但一涉及个人或本部门利益时就难以做到公平公正。
- 把人力资源部做成权力部门，而不是服务部门。
- 凭借人力资源部的特殊权力收取回扣，谋取不当利益。
- 凭借个人权力安排关系户。
- 挑剔工作任务，避重就轻。
- 把得罪人的工作推给其他部门或上级。
- 害怕自己的位置被取代，不愿意引进或培养继任者，建立自己的小圈子。

小瑕疵背后的大隐患

作为一家公司的董事长，赵华国一向认为，人天生就是自私的，应包容不足，使用优势。董事长赵华国在公司引进了一个 CHO 吴天利，吴天利有十多年的人力资源管理经验，专业水平看上去也不错。但是在实际的工作中，吴天利开始建小圈子，强调自己部门的利益，为部门员工争取晋升和薪酬调整，在一些工作中会推卸责任。董事长赵华国都看在眼里，但由于其一向强调用人所长，所以并未进行及时的干预。但很快，董事长赵华国就接到了来自子公司的检举。

一家与该公司签订长期培训服务协议的公司，检举 CHO 吴天利在签订协议后，索取了 20% 的回扣，在长达一年的时间内，收取的回扣总额超过 20 万元。董事长赵华国最后不得不开除 CHO 吴天利。

很多企业家认为，人本身就是自私的，追求超出正常收入外的小利益是正常的，要容忍和包容。但是，CHO 在某些小利上自私，做不到先公后私，往往可能在大的利益方面出现问题。CHO 是公司企业文化的代表，是核心价值的捍卫者，一旦出现本位主义或品德问题，哪怕是一个很小的问题，也将是一个致命的硬伤，比专业不足还严重，将给公司带来不可挽回的损失和负面影响。

外面找不到好的

当发现现有 CHO 不胜任，企业家的第一反应往往是从外部寻找更为合适的 CHO。然而，让企业家辗转反侧的第二个问题出现了——在外部也很难找到合适的 CHO 候选人。

外部高级人才的稀缺性和隐蔽性决定了 CHO 招聘具有较大的难度。

首先，优秀的 CHO 往往有着较高的职位和待遇，属于人力资源管理人士中处在金字塔端的群体。他们品德好、能力突出，与企业一同成长，获得员工支持，并被企业家信任和重用，这样的 CHO 本身数量就很少，具有稀缺性。

其次，从企业人才流动矩阵（见图 1-3）可以看出，品德好和专业能力强的 CHO 往往被企业花"大价钱"牢牢留住，不会轻易跳槽。而在外部市场流动的 CHO，其中很多是不被重用、经常跳槽或是被淘汰的 CHO。谷歌研究发现：外部人才市场上流动的人才中，只有 10% 的人才是企业想要的。因此外部人才市场上流动的 CHO 中优秀的 CHO 其实很少，就算这少部分优秀的 CHO 有跳槽的想法，也不会轻易在公开的人才市场露面，因此他们在人才市场具有天然的隐蔽性。

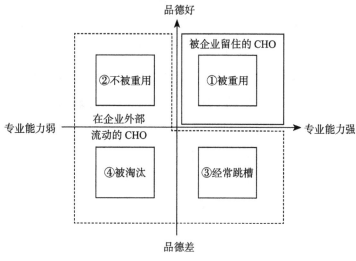

图1-3　人才流动矩阵

优秀的又太贵

企业在寻找外部CHO的同时，往往会考虑其过往的成功经验。优秀的CHO至少主导了一个企业的成功变革，从无到有地帮助企业建立系统化的人力资源管理体系，协助企业家打造出卓有成效的组织能力。在和企业共同成长的过程中，优秀的CHO往往积累了丰富的经验，见证了企业从小到大的成长，帮助企业渡过重重难关。

这样的人才，即使出于一些原因离开公司，也是被其他企业争夺的对象，而且功成名就的CHO会对新的平台提出关于待遇、发展、职权、配置团队等方面的更高要求，然而大多数企业实际上无法满足这样的要求。

优秀的CHO太贵，原因体现在两个方面：

一方面，由于企业家不够重视CHO的价值，主观上不愿意为CHO付高薪而"觉得贵"。企业往往愿意为业务负责人付高薪，如花高薪请一位CFO（首席财务官）或CTO（首席技术官），但由于人力资源管理工作的价值很难在短期内凸显，很多企业家未能充分认知CHO的真正价值，认为花那么大价钱仅仅请一位"人力资源管理者"不值得，无法匹配内心的期望价值。光辉国际北美地区高管薪酬及公司治理业务负责人艾维·贝克说："很显然，CHO的价值普遍被低估了，他们的薪资水平通常只有CFO的50%~60%。在招聘CHO时，这么低的待遇很难吸引到业绩出众的管理者进入人力资源部门。"

另一方面，科锐国际《2019年人才趋势与薪酬报告》（见表1-2）显示，国内一线城市CHO最低薪酬已经超过100万元，优秀的CHO动辄数百万元的薪酬水平不是所有公司都能支付得起的，因此客观来讲优秀CHO的薪酬水平确实高。

表1-2　2018年CHO薪酬水平　　　（单位：万元）

职位名称	工作年限（年）	一线城市			二线城市		
		25分位	中位	75分位	25分位	中位	75分位
首席人才官	15+	125	160	200	60	87.5	95

资料来源：科锐国际《2019年人才趋势与薪酬报告》。

优秀的CHO太贵，企业家即使找到了优秀的CHO，也可能用不起。

企业家对CHO的"三不知"

大多数企业家是某一领域的高手，如营销高手、技术高手，或资本运作高手，但是当公司规模大了之后，企业家往往会因为人的问题而困惑不已。众多企业家辗转反侧找不到CHO的困惑大多来源于对CHO定位不清，也不知道CHO的胜任标准，更不知道去哪里找。企业家很可能在寻找优秀CHO的过程中经历多次失败，仍然找不到最佳解决方案。

一 不知 CHO 的作用和价值

在企业内部，CHO 通常不会像业务高管那样被 CEO 关注和重视。比如，CFO 把握企业资金安全，主导投融资活动，降低企业成本，提高企业投资回报率，这些工作成果往往是直接的和显性的，也是企业家和投资人最为关注的层面。CHO 更多关注组织的调整，人才的选择、激励和培养以及企业文化，而这些工作的价值往往需要经过较长的周期才能体现。企业创立之初，企业家的个人能力在这一阶段发挥着主要作用，他们更重视资金的来源、产品的升级和市场的拓展；当企业步入快速发展阶段，企业家同样更关注增长的财务数据而往往忽视人力资源管理的价值和作用，自然也缺乏对 CHO 这一角色的关注、授权和投入。

当企业发展到一定规模，需要 CHO 解决组织的一系列问题时，又因为前期缺少关注和投入导致人力资源工作成效不佳，以至于企业家对 CHO 不信任。当企业进入成熟期，业务发展趋于平稳的同时也面临着实现更快增长的瓶颈，这一时期管理问题开始凸显，人才储备不足、组织效率降低、员工敬业度下降甚至人员频繁流失等问题也纷至沓来，而当这些问题发生时，即使企业内开始设置 CHO 这一岗位，也未必能在短期内解决这些问题，企业家对 CHO 的质疑也可能进一步加深。

由此可见，企业家苦于难以找到一个合适的 CHO，一个重要原因就是没能从一开始就深刻理解 CHO 的作用和价值，导致在重视程度和管理投入上都有所欠缺，从而增加了企业在组织和人才管理上的风险与成本。

CHO 与 CFO 的作用和价值对比如表 1-3 所示。

表 1-3 CHO 与 CFO 的作用和价值对比

对比项目	CHO	CFO
职责	关注人、企业文化、组织、流程	关注成本、投融资、现金流
企业家关注度	中	高
效果周期	周期长	周期短
业绩	人才回报率	投资回报率

二 不知 CHO 的胜任标准

什么样的 CHO 才是一个胜任的 CHO？由于大多数企业家并不真正清楚 CHO 的定位和价值，所以在对 CHO 这一角色所需要的能力素质的认知和理解上，大多存在某些方面的偏好，而正是这些偏好，往往引导企业家"误入歧途"，在寻找 CHO 的反向道路上越走越远。

误区一：认为 CHO 必须是人力资源管理专业出身。有些企业家将 CHO 认定为专业岗位，需要人力资源管理专业毕业的才可以，必须精通人力资源管理的理论、方法和工具。翰威特曾对全球大企业的 45 个 CHO 进行了调研，其中 33% 的 CHO 来自《财富》世界 500 强企业，其中超过一半的 CHO 并非人力资源管理专业出身，说明人力资源管理专业出身并不是 CHO 胜任的必备条件。

误区二：认为 CHO 从事人力资源工作年限越长，能力越强。很多企业片面要求 CHO 候选人担任人力资源工作的年限，认为时间越长，能力越强。这里要区分经历和经验的不同，经历多不代表经验丰富，年限长不代表能力强，一个人有 10 年的工作经历，有可能 10 年前做事的能力和 10 年后做事的能力并没有差异。经验是对工作任务成功、失败后的教训总结和能力提升，代表下次会做得更好。CHO 的工作年限对于经验来说的确有影响，但更重要的是对品德和素质的影响。

误区三：认为 CHO 必须来自于本行业。企业家还容易陷入"行业领域"陷阱。比如，一家研发生物医药的公司寻找 CHO 必须在医药行业中选择，一家房地产公司寻找 CHO 必须从房地产行业招聘，很多企业仅仅因为 CHO 不是本行业的，就将候选人拒之门外。

选择 CHO 到底是重专业还是重行业，是重经验还是重素质，是重技能还是重潜能，很多企业对此莫衷一是，类似盲人摸象。而对 CHO 定位和价值的模糊认知，最终导致了企业家不知 CHO 的胜任标准。

三不知 CHO 到哪里找

企业家如何才能找到一位优秀的 CHO 呢？大多数企业家急迫地想找到答案。在一次关于人才管理的研讨会上，每个小组都需要分享本小组某个关于 CHO 话题的讨论结果，就在一个小组的成员分享 CHO 的定位和价值的时候，一家大型企业的董事长迫不及待地问道："有没有人能够告诉我，CHO 到底是从内部选拔好还是从外部招聘好？"该董事长正在考虑如何把企业顺利地传承给自己的女儿。接班人刚从学校毕业，董事长希望通过 3~5 年的时间建立一支以接班人为核心的管理团队，建设好公司的经营管理体系和人才管理机制，把企业稳健顺利地传承给接班人，这样就迫切需要一位优秀的 CHO 帮助完成过渡。董事长向很多人咨询过如何才能找到一位合适的 CHO。有的人告诉他从外部招聘比较好，有的人告诉他还是从内部选拔比较靠谱，董事长听说过外部招聘 CHO 成功和失败的例子，也见过内部选拔成功和失败的例子。两种方式成功的条件是什么？如何才能避免选择失败？面对选择 CHO 这一重大问题，该董事长目前正通过猎头来解决，但面试了几个人选后犹豫不定，困惑不已。

企业家找对 CHO 的成功路径

正是因为企业家对 CHO 的作用与价值、胜任标准、寻找方向缺乏准确的理解和认知，他们才会辗转反侧，难以找到合适的 CHO。

企业家若想摆脱烦恼，首先要正确理解 CHO 的真正价值。CHO 不是用来帮助企业解决燃眉之急的，CHO 的使命是基于企业的战略，帮助企业系统地打造组织能力，构建企业持续运转的各项机制，包括组织、人才、流程、文化等，并适时推动变革创新，帮助企业在残酷的竞争环境中打胜仗。

CHO的使命决定了CHO必然要具备战略思维和领导力，CHO首先得是一个成功的领导者，而后才是人力资源方法论专家。

然而找到一个合适的CHO实属不易，外部招聘成本高、"存活率"低，企业家应该先把眼光投向内部。内部优秀人才的业绩广为人知，更容易获得内部认可，他们更贴合企业的文化和价值观，也更容易获取内部信任；同时他们也更熟悉企业的业务模式，更易于建立适合企业发展现状的人才管理体系；对企业家来说，内部培养的人才，其能力素质更易于判断。总体来说，内部培养CHO花费的成本更低，"存活率"更高。但当内部确实缺乏合适的人才，不得不面向外部招聘时，企业要慎重选择CHO。想要空降CHO成功，需要考虑空降成功的条件，以提高空降CHO的"存活率"。

为了解决企业家对"如何找对CHO"的困惑，接下来的几章我们将详细阐述帮助企业家获得优秀CHO的系统方法，进而帮助企业打造卓越的组织能力。

企业家找对CHO的成功路径如图1-4所示。

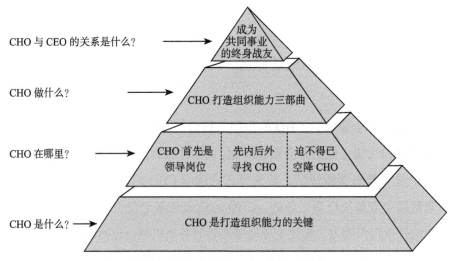

图1-4　企业家找对CHO的成功路径

关键发现

在企业内部,企业家对于企业CHO满意以及非常满意的比例只有24%,对于CHO不满意以及很不满意的比例达到了32%。

37%的企业家认为在外面找不到好的CHO。

对于"专业控"型CHO,其多年的理论学习和实践历练很容易让他们"自以为是",过分强调方案的专业性和精美度,反而可能会困住自己,陷入专业深井。

"办公室主任"型CHO重视人际关系,往往忽略了自身学习,忽视了创造价值。

正是因为企业家对CHO的作用与价值、胜任标准、寻找方向缺乏准确的理解和认知,他们才会辗转反侧,难以找到合适的CHO。

相对于"专业控"型CHO和"办公室主任"型CHO,"本位主义"型CHO对于企业的危害更大。

Precise
Selection of
CHO

第二章——

CHO 是打造组织能力的关键

21世纪竞争的关键属性是组织能力，人力资源的使命就是创造和维持能够推动绩效的组织能力。

——戴维·尤里奇

CHO令企业家困惑不已、辗转反侧的根源在于，他们未能从一开始就充分理解CHO的价值和作用。戴维·尤里奇认为，由于竞争日趋激烈，"在新竞争环境中，不同企业间的产品成本和性能将会越来越趋同，而真正体现出竞争优势的是，创造出能够不断提供优于竞争对手的产品与服务的组织能力"，"要使这些组织能力的效用最大化，企业必须将HR工作视为竞争优势的来源"，因此，"人力资源的使命就是创造和维持能够推动绩效的组织能力"。CHO是企业的人力资源负责人，理所当然地承担起帮助CEO打造组织能力的使命。

在当今外部环境变化如此迅猛、竞争如此激烈的情境下，组织能力的疲软将会置企业于非常危险的境地。企业家费尽心力地寻找一个优秀的CHO，其最根本的目的就是基于企业的发展战略和方向，借助CHO的魄力、洞察力、变革力、专业力以及整合力，为企业打造出高效、灵活、协调、一致、创新的组织，从而在面对不断变化的挑战时保持竞争优势，实现企业持续的发展。

组织能力是企业持续成功的关键

企业究竟因何而成功？关键成功因素法（key success factors，KSF）从产业分析的角度，阐述了企业关键成功因素的重要性。企业一旦掌握了少数几项关键要素，就能确保强大的竞争力。如果企业想要持续成长，就必须对这些少数的关键领域加以管理，否则将无法达到预期的目标。这些关键成功因素到底是什么？对于身处不同内外部环境中的不同的企业来说，各有各的关键成功因素，且并非一成不变，而是始终处于动态变化之中。企业关键成功因素如表2-1所示。

表 2-1　企业关键成功因素

外部环境	内部环境	产业经营策略
对供货商的议价能力	人力资源管理能力	差异化能力
对购买者的议价能力	营销管理能力	集中策略能力
阻止可能进入市场竞争者的能力	生产管理能力	客户忠诚度
替代品的威胁能力	技术与研发管理能力	售后服务能力
同业间的合作关系能力	财务管理能力	专利管理能力
竞争者掌握上、下游资源威胁程度	信息管理能力	产品研发能力
整体市场环境变动掌握能力	仓储运输管理能力	市场反应能力
国外竞争者加入竞争深度及广度	管理者积极性	市场进入能力
关键零部件价格掌握能力	管理者专业知识	新市场、客户开发能力
……	……	……

然而，我们不禁进一步追问，企业怎样才能在挑战来临时具备表 2-1 中的关键能力？是否存在一种更为底层的能力，使得企业能够灵活地根据环境的变化，自由生成各种所需的专业能力？这种能力是真实存在的，它就是组织能力。学界对组织能力的研究由来已久，从资源优势理论到核心能力理论，再到最新的动态能力理论，我们已然能够总结出构建组织能力的根本诉求——发展能力的能力，即找到那些应对机会和挑战能力的本源。

哈佛商学院教授迈克尔·塔什曼认为："任何组织如果想要保持良好且稳定的效益，就必须保证关键任务、正式的组织、人员、文化这四大组织要素之间保持一致。同时，组织想保持长期成功，需要将自身能量保持在较高等级上，持续不断地打造出创新流。这些创新流将与组织的惯性力量互相抗衡，周期性地促进革命性的变化，保证企业把握住跃迁式创新的机会。"塔什曼的组织观点是在打造传统组织模式的基础上，强调创新的重要性，通过持续不断的创新更新组织能力，以应对未来更大的变化，这是企业保持长期成功的关键。

戴维·尤里奇教授认为："HR 转型的核心应聚焦业务，HR 的主要工作就是通过对企业组织能力的打造，帮助组织实现对客户、投资者和其他利益相关者的承诺。在他看来，虽然不存在一份完美的组织能力清单，但打造一个成功的优秀企业离不开14项能力要素：人才、速度、共同的思维模式、问责制、协同、学习、领导力、客户连接、创新、战略一致性、精简化、社会责任、风险和效率。"

从塔什曼强调创新的组织理论和戴维·尤里奇的14项组织能力中，我们似乎可以找到一些共同点。塔什曼提供了一个组织能力要素的维度和框架，而戴维·尤里奇则更进一步提炼出每个组织能力维度的打造方向，如文化方面要形成共同的思维模式以及问责制。基于对塔什曼强调创新的组织理论和戴维·尤里奇关于组织能力的观点的研究可以看出，打造组织能力需要在五个维度发力，即组织架构、流程、人才、文化和创新。但是，由于每个组织的发展阶段、组织规模和产业结构的差别，对组织能力各维度的要求具有较大的差异性，所以明确打造组织能力的普遍性原则也许是更加基础和重要的事情。组织能力要素如表2-2所示。

表2-2 组织能力要素

组织能力维度	组织能力打造原则	塔什曼组织能力维度	戴维·尤里奇组织能力要素
组织架构	匹配战略	正式的组织	战略一致性
流程	精简高效	关键任务	风险和效率、客户连接、精简化、速度、协同
人才	适配标准	人才	人才、学习、领导力
文化	上下认同	文化	共同的思维模式、问责制、社会责任
创新	内在驱动	创新	创新

在VUCA⊖时代，组织能力的打造对企业来说至关重要，强大的组织能力能将个体转化为团队，实现团队内部的持续造血，最终强化内在机体的预防机制，抵抗外部风险。

综上所述，企业成功模型如图2-1所示。

⊖ VUCA指的是不稳定（volatile）、不确定（uncertain）、复杂（complex）、模糊（ambiguous）。

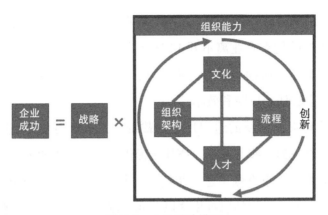

图 2-1 企业成功模型

组织能力的乘法效应

人类社会为什么会形成组织？原始社会中一个人狩猎与五个人组成团队一起狩猎有什么不同？答案显而易见，后者可以使团队成员更快地获得食物，并能保证个体受到伤害的可能性最小。**也就是说，组织的存在是为了通过协作获得更高的效率，用最小的投入获得最大的产出。**

随着人类社会不断进步，人类活动升级跃迁，组织形式的多样性、复杂性和动态性日益凸显。让一群具有不同文化背景、教育背景、家庭背景和价值信仰的人，在彰显个性的时代和复杂多变的环境中保持目标与行动的一致性，显然比同一部落里的五个人形成团队，一起在熟悉的森林里抓到一只兔子更加复杂和困难。而组织能力就是能够让每一个极具个性化的个体融入组织中，抛开差异化的个体背景，认同组织整体的目标和价值导向，同时以机制化的组织设计，创造高效的内部环境，激发个体潜能，为组织创造高价值的同时实现个体价值。组织能力要使组织整体的行动体现出一种乘数效应，而非简单相加。

人类社会中存在三种不同类型的组织，分别是团伙、团体、团队，假如成员都有三人，从组织的输出结果来看，有巨大的差距。三种类型组织的差异如表 2-3 所示。

表 2-3 三种类型组织的差异

组织类型	团伙	团体	团队
表现	有组织，无纪律	无组织，有纪律	有组织，有纪律
组织效应	减法：1+1-1≤3	加法：1+1+1=3	乘法：3×3×3≥9
个人目标与组织目标关系	短期一致，长期不一致，甚至相反	方向大概一致	高度一致
凝聚团队的方式	压力和物质分享	兴趣、爱好和交流	物质分享和精神信仰
成员间关系	猜忌、防范	不冲突，无信任	信赖、奉献、协同
举例	犯罪团伙	旅行团、英语角	军队、公司

团伙：团伙往往有一定的组织，更多因短期利益诉求的一致而结合在一起，但缺乏长期的纪律和规则。从长期来看，个体目标与组织目标很可能不一致甚至完全相反，产生内耗，所以团伙的组织效应往往是整体小于个体相加，甚至出现个体相加出现负数效应。

团体：团体往往是因为临时的需求组建起来的，有一定的纪律和规则，成员大多在其他组织有固定的身份，没有长期的共同目标，满足需求后即可解散，所以团体的组织效应往往是个体相加等于整体，有时候也出现个人相加小于整体。

团队：团队有卓越的领导人、远大的目标、能达成共识的文化和纪律，成员相互支持和奉献，有物质的分享，更有精神的共鸣，每个团队成员都能得到其他团队成员的支持，吸收其他团队成员的优势，形成超越自己的能力。虽然团队是三个人，但是每个人的背后都是三个人的力量，且通过协作补位产生乘法效应，这种效应就是组织能力的作用，使整体远远大于个体的简单相加，产生乘数效应。

很多企业虽然名义上叫公司，但实际上由于组织能力的薄弱，缺乏一致认同的目标、文化以及规范化的内部机制，团队成员互相不信任，缺乏协同，内耗严重，犹如一盘散沙，整体小于个体相加，实质上就是有内耗的团伙或者松散的团体，而非真正的团队。

组织能力的减法、加法与乘法

减法情境 某公司销售部总监在处理东北区销售经理和华北区销售经理的纠纷，东北区销售经理抱怨道："你们华北区销售顾问明知道我们东北区已经和客户对接了，为了抢到客户，更快地拿到销售提成，你们到我们东北区的地盘上以更低的折扣和客户进行谈判，导致我们东北区的销售顾问很被动，你们华北区说，该怎么处理？"

华北区销售经理却回应道："这个客户虽然不是在华北区，但不是我们主动找的客户，而是我们华北区的一个老客户介绍的，有了这层关系更容易成交，难道你让我们轻易地放弃这个客户？我们即使放弃了这个客户，你们也不一定能谈成合作，而且我也说服不了我的销售顾问放弃他快到手的销售提成啊，他都好几个月没有销售业绩了。"

销售部总监愤怒地拍起桌子："遇到这种问题，为什么不提前向公司报备？同样的产品，两个区域向同一个客户报不同的价格，华北区报的折扣价格已经是公司的最低价了，按照这个价格，公司是没有利润的。刚才客户还给我打来电话，质疑我们的服务和专业性，质问为什么同一家公司有两个不同的团队同时对接，客户已经和我们的竞争对手开始谈合作了，你们还坐在这里吵！"

两个团队互不相让、互不沟通和支持，最后客户选择了竞争对手的产品，公司丢失了客户。

加法情境 某公司销售部在进行总体销售任务分配时，不同区域的销售主管呈现的是一种讨价还价的气氛。东北区销售经理说:"我那个地区当地竞争对手很强,客户比较难攻关,我这里指标定得有点儿高。"销售部总监回应:"华北区经理是东北人,人脉广,协助支援一下怎么样,业绩提成对半分?"华北区销售经理却回应道:"我这里都自顾不暇,哪有精力支援呢?"一听到要分提成,提出问题的东北区销售经理顿时偃旗息鼓:"那算了,我还不如自己跑跑。"

乘法情境 某公司销售部总监同样是进行销售任务划分,东北区销售经理说:"我那个地区当地竞争对手很强,但是有几个潜在的大客户,可能需要公司协助。华北区经理是东北人,关系也比较广阔,其中有一个客户还和华北区经理认识,看能不能支援一下,有需要的话,我也可以支援华北区。"华北区经理回应道:"我们最近的销售推广模式做了创新,接连成交了几个客户,效果还不错。你上次说的沈阳那个客户我之前了解了一下,我们的产品方案与他们的需求还是比较匹配的,可以再争取一下。我们定个时间一起去拜访一下,也和你分享华北区的做法,应该可以合作成功。"

很多企业也许会认为自己的组织能力还不错,但对于上述减法和加法情境也许并不陌生,减法的情境是个体只顾小部门利益而忽视团队利益,难以协同产生内耗,导致能力相抵,整体效果小于个体相加。

加法情境是典型的个体能力简单相加的效应。简单相加意味着组织发展的上部空间受限,组织层面难以获得最大收益,我们尝试推理一下导致上述效应的原因,具体如下:

首先,组织架构层面,经过多年征战,销售区域的划分可能形成"诸侯割据"的局面。由于从未实行过区域轮换,销售区域各自为战,互不干预，互不支持，不会共享资源，导致公司层面管控力度薄弱。

其次，流程方面，未建立基于内部客户导向的资源协调机制、授权机制与相应流程，问题产生后只能通过上层领导审批下达，无形中形成部门墙。

再次，人才方面，对于管理者的选拔任用，未建立起基于公司全局发展的能力素质标准，"全局意识""先公后私"等素质在销售经理身上无从体现；从人才激励的层面来看，缺少团队绩效与个体奖金的联动关系，以个人提成制为主要激励方式，牵引个体行为只关注本领域业绩，却忽视基于内部协作而开展的其他工作。

最后，文化方面，公司层面未达成"靠团队取胜而不是个人取胜"的统一认同的价值观，即使存在，也并未宣贯执行到位，缺乏文化的有效管理，本位主义严重。

乘法情境则是通过组织能力的打造，充分挖掘各组织要素的协同潜能，降低内部管理成本，使得每个人的能力产生乘数效应，使组织爆发出巨大的能量，从而实现组织及组织成员的利益最大化。乘法情境产生的背后原因根据上述内容反向推理即可获得答案。

从社会经济活动的角度来看，不同组织间的竞争，实质上就是组织能力的竞争。戴维·尤里奇在《赢在组织》○一书中写道："个体表现固然也是被期待的重要部分，但是竞争优势在于使整体大于个体的总和。"当组织内部难以产生协同效应，组织文化被稀释，组织产生的价值趋于个体效益的简单相加，甚至导致内耗而产生减法效应，在这种情况下组织存在的意义不复存在，在外部市场中也难以形成竞争合力。而当组织内部的协同、整合效应挖掘得越充分，越能形成高度认同的组织目标和强大的组织文化，提高组织的整体效率。这样的组织不但不会产生内耗，还会实现内

○ 本书中文版已由机械工业出版社出版。

部赋能，从而更快更好地为客户提供服务，产生强大的竞争力。就如同石墨和金刚石，同样都是碳元素，但恰恰是因为组合方式不同，导致在压力承担上呈现出天壤之别的硬度：石墨在外部稍有压力的情况下，即可轻易地在纸上留下痕迹；而金刚石则更多被作为切割高硬度材料的工具而向外部施压。

德锐咨询公司高效率的内部协同

咨询公司的常规管理模式是项目制，这种项目制本身就带有一种割裂和封闭的局限，而对于咨询公司这种学习型组织来说，这种割裂和封闭对经验、知识的沉淀具有较大风险，必须从机制上主动打破。德锐咨询公司一直保持着高度的警惕性，在内部管理上，注重打造内部分享和协作机制，以避免各自为战可能给企业带来的成长风险。

◆ 内部分享机制

德锐咨询公司自成立以来就实行专业知识和经验的内部分享机制，每月的公司例会上，除了进行经营层面的分析部署，更多的时间是进行内部分享，包括项目总监的专题培训，项目经理的项目亮点/风险分享，咨询顾问的学习分享，以及新员工的读书分享，等等。不同层面的分享让每一次的月度例会成为一种视听盛宴，能把每个项目新的做法复制给所有人，让每个项目的优势变成整体的优势，加速咨询顾问的成长和提高公司整体的竞争力。

◆ 项目管理协同机制

在项目的管理实施上，任何一个项目组都不是独立的存在，每个咨询顾问的能力并不是面面俱到，而是各有所长，每个项目都可以得到公司内部更权威的资源和支持。例如在江西的某项目上,客户需要紧急招聘一名人力资源经理,项目组邀请公司内更具招聘和面试经验的同事前去支持。接到通知后,该同事迅速协调工作日程,第二天即飞到客户现场,帮助进行一整天的面试和评估,最终招到了客户认为"迄今为止最合适的人力资源经理"。

◆ **实施团队绩效**

内部分享和协同机制建立的前提,其实是团队绩效。在德锐内部没有所谓的项目提成,在薪酬上实施高固定低浮动的薪酬结构,浮动部分是以个人月工资为基数的半年度和年度绩效奖金。绩效奖金的发放以公司整体经营目标的实现为前提,并结合个人半年度人才盘点结果进行一定系数范围内的上下浮动,这种不以个人和项目业绩为导向的分配机制,大大降低了分享和协作的壁垒。

很多项目制类型的企业都可以借鉴上述的内部分享和协同机制。使用外部资源固然具有他山之石的功效,但毕竟交易成本高,保证必要和适当的程度即可,而内部分享则基于文化和价值观的一致性,其实用性和落地性更强,企业要充分挖掘内部分享资源,将一个人的能力扩展为所有人的能力,进一步强化为整体的能力。

戴维·尤里奇借用了亚当·斯密的研究成果来说明组织存在的价值,亚当·斯密进一步认为,"组织的存在是为了创造劳动分工的杠杆效应"。亚当·斯密的经典案例是针的制造,他提出,一个工人单独生产一天可以制造20根针。然而通过劳动分工与协同,"一个人裁好金属丝,另一个人加工它,第三个人切割它,第四个人把它弄尖,第五个人把它磨光,……,10个工人一起工作就能在一天内生产出超过48 000根针"。

一个工人单独生产一天可以制造20根针,10个工人组成团队后,通过分工与协同，一天内生产出超过 48 000 根针，提高了效率，产生了 240 倍的乘数效应。乘数效应不仅能够为企业创造更高的价值，还能够为员工赋能，帮助员工成长，使员工获取自身以外的额外价值，对企业来说能够增加员工黏性。

如果 10 个工人在一起，没有协同效应，只是简单地相加，就只能一天生产出 200 根针，这样的组织只能是团体的加法效应。但是在加法效应下，组织无法为员工提供额外价值，组织与员工之间未建立起相互依赖的关系，一旦内外部环境发生变化或面临更大的挑战，个体流失的风险会急剧增加，长此以往，组织将面临消亡的风险。

如果 10 个工人在一起，不但没有分工协同，还相互防备、猜忌，甚至一个工人因捣乱或技能不足而影响其他人的产出，组织的内耗导致一天连 200 根针都生产不出，这样的组织只能是团伙性质。

组织存在的价值是整体大于个体相加，等于个体相乘，组织能力越强的组织，乘数效应越大。如果组织没有乘数效应，组织的成员对组织的依赖感降低，组织便只是松散的团体，甚至是团伙。企业必须通过人才、文化、领导力、流程、创新等机制来创造和强化乘数效应，才能在市场竞争中占据优势，实现持续发展。

组织能力是企业持续运转的"钟"

"造钟而不是报时"来源于吉姆·柯林斯的《基业长青》，他在书中写道："华特·迪士尼最伟大的创作不是《幻想曲》或《白雪公主》，甚至也不是迪士尼乐园，而是迪士尼公司和让大家快乐的神秘能力。……拥有一个伟大构想或身为高瞻远瞩的魅力型领导者，好比是报时；而建立一家公司，使公司在任何一位领导者身后很久、经历多次产品生命周期仍然欣欣向荣，好比是造钟。……他们致力于建立一个组织，一个会嘀嗒走动的时钟。"也就是说，能够实现基业长青的卓越企业，其领导者普遍具备"造钟"的意识和能力，即通过建立企业内部自动运行的有效机制，使企业在面对外部环境变化和挑战时，以一个整体性的组织形态，能够自发地处理和应对，而不是仅仅依靠某个个人的超凡能力来指挥行动。

有统计数据表明，世界500强企业的平均寿命是40年，日本大型企业的平均寿命是58年，而中国500强企业的寿命只有10年；美国中小型企业的平均寿命是8.2年，日本中小型企业平均寿命是12.5年，而中国中小型企业的平均寿命只有3.9年。

中国企业与国外企业在寿命上的差距更多是由于企业在组织能力上的差异。许多国内企业，尤其是家族企业，在具体运作中缺乏统一标准和规范，在处理管理问题和制定对策上，缺乏形成固化机制的意识和能力，更多的是依靠人治。对人的主观意识、个人能力、个人经验的依赖性较强，尤其是对领导者的依赖，领导不指不打，指哪打哪，没有领导者的指示，就没办法落地执行，这种管理模式就是"报时"，总是在应急的状态下解决问题。在企业成立初期，规模尚小的时候也许还能靠领导者的指挥而维持运营，但当企业规模大了之后，领导者就没有那么多精力指挥这么多人，更没有精力掌控整个局面，从而导致企业管理混乱，自然就无法做强做久。经过多数企业的实践验证，企业销售规模达到4亿元以后，未能构建起组织能力的企业会开始明显感觉到内部管理问题凸显、增长乏力。

当今企业正生存于一个巨大的机遇与风险并存的环境中。"互联网+"的产业趋势孕育出各种各样新的商业模式，行业间的壁垒与界限不再泾渭分明，竞争对手也不再一成不变，产业间的流动逐渐趋于一种新常态。传统行业面临转型升级，新兴行业力图找准定位，越来越多的企业开始感受到背后逐渐汹涌的暗潮。能否在这股暗潮中突出重围，保持持续的增长与活力，是企业面临的最大挑战，所以企业应当学会造钟而不是报时。造钟与报时的区别如表2-4所示。

表2-4 造钟与报时的区别

报时的表现	造钟的表现
1. "今年上半年业绩表现不理想，我们是不是要召开一个总结分析会，看看到底什么问题。"某企业副总提议	1. 每个季度开展经营分析会，各部门准备汇报材料，回顾目标完成情况，分析原因并提出改进方案和行动计划
2. 某个关键岗位的人才离职，他过往工作所积累下来的经验和知识并没有留存，继任者接任工作无从下手	2. 建立内部分享机制和知识管理机制，定期开展技术问题交流分析会；做好离职手续交接
3. 老板说，我们要有长远眼光，定个战略目标，3年做到10个亿，今年目标是3个亿，到年底没完成，也没有下文了	3. 每半年开展战略研讨会，所有中高层管理者参加，对未来半年到一年的目标展开研讨并确定，然后进行指标分解，达成一致
4. 遇到职责边界之外的事情，部门A说，这不是我们的责任；部门B说，我们部门的职责中可没说这事是我们负责的，问题只能反映到老板那里去解决	4. 构建企业文化和核心价值观，建立行为标准并充分宣贯引导，当遇到职责外的问题时，更多地通过激发员工的责任心，共同讨论并提出建议，解决问题，不断优化组织分工与协同机制
5. "公司现在缺人，开始着急招人了，这一时半会儿上哪儿能招那么多符合要求的人来。"招聘经理一筹莫展	5. 建立持续的人才招聘机制，包括内部推荐、面试官培养、持续进行人才储备
6. "老板听了一个关于继任者的培训讲座，回来就让我们把各部门负责人继任候选人报上去，以前也没考虑过这件事情，我报谁不报谁啊？"某公司技术部负责人说	6. 打造继任者计划，每名员工晋升到管理职位，必须选择一名继任者，并通过采取定期的绩效面谈、个人发展计划、辅导反馈、赋予更多挑战性工作任务等措施来培养人才
……	……

企业持续运转并保有活力的关键在于打造一个能够自行运转的钟，打造从优秀到卓越、基业长青的组织能力。以"报时"的方式实施内部管理，组织能力更多的是依赖创始人的影响力，不利于内部人才的聚集优化和知识技能的沉淀传播，内部成功经验难以被复制，成功将不可持续，相似的问题频繁发生，组织陷入低效死循环。中国的很多企业还处于创始人驱动的阶段，尤其很多企业当创始人离开公司后，企业便失去活力，一代不如一代，最后走向没落。

2019年9月10日，在杭州奥体中心举办的阿里巴巴集团20周年年会上，马云正式宣布卸任阿里巴巴集团董事局主席，由集团CEO张勇接任，马云讲道："今天不是马云的退休，而是一个制度传承的开始。今天不是一个人的选择，而是一个制度的成功。"阿里巴巴用制度、文化和人才保障公司的传承，而不是仅靠一个创始人指定一个人的接班模式。马云在谈到阿里巴巴公司交接班时，底气十足："我最骄傲的不是商业模式，而是今天我们的人才梯队、组织建设还有文化的发展……如果我算第一代，我们现在第五代领导人梯队建设都已经做好了。"这便是组织能力的巨大威力。

打造企业持续运转的钟，企业就会源源不断地涌现人才，持续地更迭与优化商业模式，保持技术的持续领先，始终如一地推出适合客户要求的产品，打造持续增长的业绩曲线，所以企业不要"报时"而要"造钟"，从组织架构、流程、人才和文化方面构建起相应的运行管理机制，摆脱人治，让组织更有效率，让员工更有活力。

组织能力是企业难被超越的护城河

"护城河"这个概念最早是由巴菲特提出的，指的是企业的一种竞争优势，这种竞争优势很难被复制。凭借这样的竞争优势，企业能够抵御新进入行业的竞争者，有护城河的企业往往能享受稳定的利润高增长，而这个高增长的源于远远抛下竞争者的高议价能力。

到底什么才是企业真正的护城河？有人认为技术优势是护城河，领域内最顶尖的技术，竞争对手无法超越；有人认为积累的先发优势是护城河，因为进入的时间早而积累了大量的资源；有人认为成本优势是护城河，长期把握低价或降价的主动权；有人认为规模优势是护城河，产品或服务到达一定体量，成为行业中的领军者；有人认为高转换成本是护城河，通过塑造客户使用习惯形成转换壁垒，增强客户黏性；还有人认为无形资产是护城河，打造辐射甚广的品牌知名度和美誉度，形成消费者心中的固化形象，使其他竞争者难以对抗。

护城河的本质在于其独特性，很难被其他竞争对手复制和超越。事实上，企业的同质化越来越严重，技术、商业模式、产品等都能被轻易复制，如今发达的电商、物流以及通信业等，使得某些特殊原材料已经不再具有地域限制，资源被越来越多的企业所共享，那些所谓的护城河有些可能正在被填平。尤其在科技互联网时代，技术壁垒越来越低，技术更新迭代的速度越来越快，原有的技术竞争可能从单一维度的竞争转变为多维度的竞争，比如从提高某种药物中某种成分的提取浓度技术转变为开发一种新的药物成分。新的商业模式也在不断地冲击着原有行业品牌的垄断地位，改变着人们的消费模式，比如美团、饿了么等外卖平台对方便面垄断品牌的冲击，即使在行业地位中保持领先，但仍面临跨行业的颠覆挑战。企业引以为傲的护城河已然不再坚固。

到底什么才是难以被复制的真正的护城河？答案就是组织能力。因为组织能力的打造不像技术、产品、原材料等那样能够在短时间内获得立竿见影的效果，而是需要长期大量的资源投入。对人才选择、激励和培养的持续投入，对组织架构、流程和企业文化的持续优化，都需要付出大量的时间与精力进行精心、耐心、细心的谋划和行动，都要求有领先的文化和价值观，坚持愿景引领和价值观导向。保持长期主义，就如同一个人想拥有健康的体魄，并不是吃一颗药就能立马见效，而是需要长期的维护和健康管理。一旦建立起具有内在基因特质的组织能力，即便是外部环境风云突变，企业也能迅速找到应对的方法和策略。

美团点评高级副总裁王慧文谈互联网"下半场"时提到，阿里巴巴的组织能力是互联网企业的标杆，组织能力薄弱限制了大多数企业的发展。阿里巴巴在3年内开展了18次组织变革，而每一次的变革都为阿里巴巴带来了跨越式发展，体现了其快速变化、快速适应的组织能力，同时也体现了其打造组织能力的核心要义——为人才提供更加高效便捷的组织环境，让组织更有利于人才潜能的发挥。

任正非说："人才不是华为的核心竞争力，对人才进行管理的能力才是企业的核心竞争力。"华为能够成为手机领域的翘楚，从ToB端转向ToC端，面临着非常大的超越和挑战的压力。华为之所以取得今天的成就，有赖于其高效的人才管理机制，包括高激励机制、客观的评价机制、严格的淘汰机制和轮岗的培养机制；有赖于其实现了人才能上能下、能进能出、有序轮换；有赖于其以奋斗者为本的文化造就了一批有拼劲、有韧性、有胆识的华为人；有赖于在良好的组织机制下前赴后继的华为人筑造的坚固的护城河。很多企业抱着膜拜的心情学习华为，学华为的全员持股，学华为的给高薪，学华为的末位淘汰，但终究成为不了华为，原因在于华为的组织能力是在时空的交错碰撞中逐渐积累、沉淀下来的，不是单一维度的一招一式，而是更深层次的观念、思维和行动。沉下心来，学习华为在打造组织能力过程中的思维方式，并思考如何构建适合自身发展目标的组织能力，才是正确的学习华为的方式。很多企业往往重视产品、商业模式、渠道等硬件投入建设，而忽视组织能力的软性投入，造成护城河被轻易地模仿、突破，不能形成自己独特的优势。

乘法效应帮助企业做大做强，持续运转的钟帮助企业做长做久，护城河帮助企业形成难以被模仿的独特竞争优势。因此，打造优秀的组织能力才是企业的基业长青之道。

打造组织能力：CEO是舵，CHO是桨

组织能力是企业持续成功的关键，打造组织能力不是CEO或CHO单个人的事情，而是CEO和CHO共同的使命。拉姆·查兰在《识人用

人》中提出:"像重视资本配置那样重视人才配置,像了解财务状况那样了解人才梯队,打造人才为先的组织是CEO新的使命。"戴维·尤里奇提出:"人力资源的使命就是创造和维持能够推动绩效的组织能力。"我们的咨询实践也表明,当CEO和CHO都将打造组织能力作为重点工作时,企业才更有可能在组织能力建设方面取得好的成效。

在打造组织能力这项工作上,CEO和CHO必须携起手来,紧密协同。《识人用人》一书中提出明确的观点:"CEO要从顶层共识入手,成立由CEO、CFO及CHO三人组成的核心小组,让CHO和CFO成为自己的左膀右臂,让CHO有机会像CFO那样,真正为企业创造价值"。企业成功模型告诉我们,在任何时候,组织能力的打造都要以战略为出发点,要有明确的方向,CEO就是方向的来源,而如何协调各方力量确保更快速地抵达目的地,则是CHO要完成的工作。如果把企业比作一艘航行中的大船,CEO是舵,决定了航行的方向,CHO则是桨,决定了航行的速度。

CHO应保持与CEO的思维共性

驾驶企业这艘大船在大风大浪中平稳抵达目的地,CEO和CHO需要在打造组织能力的思维方面具备某些共性。

1. 打造组织能力,CEO和CHO都要着眼于未来和战略

CEO作为企业的领航者,在规划企业未来的发展战略时也需要思考组织能力建设的问题。CEO的战略前瞻性更多地体现为思考企业的愿景和使命,即要把企业发展到何种状态,向客户、向社会、向员工输出什么价值。在此基础上,CEO需要基于对内外部环境变化趋势的洞察,提前思考企业的业务布局和发展战略。但同时,CEO还必须把组织能力作为

战略考量的重要因素，必须关注组织能力的打造，因为如何吸引优秀的人才、如何构建高效的组织环境、如何通过文化的塑造实现行动的一致等会对战略目标的实现产生直接影响。

CHO作为组织能力建设的推动者，在打造组织能力时要以实现战略目标为导向，要以支持战略目标实现为最终依据。企业战略一旦确定，CHO就要基于战略来考虑组织架构、流程、人才和文化方面要如何进行布局和调整。CHO在日常的工作中，要注意工作的重点是着眼于解决眼前棘手的问题，还是基于长远的战略需要，后者的思维会帮助CHO更早地进入推动组织能力建设的角色。应急解决问题与长远思维的区别如表2-5所示。

表2-5 应急解决问题与长远思维的区别

解决紧急问题	基于战略长远考虑
• 新开辟业务急需大量人才，市场人才供给有限，开展紧急招聘，但效果甚微，导致新业务进展缓慢	• 战略规划中，已经考虑某项业务对某些关键人才的需求，提前部署，持续开展内部推荐和外部招聘，待业务真正开始推动时，人才已经就位
• 采购审批流程过长导致效率严重低下，影响生产，CHO紧急精简采购流程，但配套机制未能跟上，各方面信息沟通不到位，原有思维和行为习惯影响深重，变革经历较长时间才逐渐步入正轨	• 在战略目标分解过程中，就组织的架构和流程优化展开内部充分讨论，制订相应的行动计划，并持续调整和改进，迅速步入正轨
……	……

战略决策往往是艰难的，也许在CEO的头脑中，战略路径还是模糊不清，也可能有多种战略路径难以抉择。在这种情况下，CHO更需要肩负起CEO的战略伙伴角色，必须对业务经营、企业全局有深刻的了解，通过对组织能力各方面更加具象的策略论证，帮助CEO澄清战略并进行决策。

2. CEO和CHO都要着眼于组织能力的整体和系统，而不是某一方面的能力

马云说，"HR是来帮助CEO做好三件事情——文化的传承，战略的

落地，组织能力的提升"。这句话中提到的 3 项工作其实具有内在的系统性逻辑，可进一步拆解为：HR 要能够理解 CEO 所要传达的文化和价值观，并用员工能够理解的语言或方式进行翻译和传播，最大限度地获得员工认同；在以文化作为纽带的前提下，通过组织架构、制度和机制，促进员工的行动高效、一致，从而实现战略目标。也就是说，在打造组织能力这项工作上，上到战略层面，下到文化土壤，再到中间的实施路径，一定要具有规划和部署上的一致性。战略、文化与组织能力要素的内在系统性如图 2-2 所示。

图 2-2　战略、文化与组织能力要素的内在系统性

资源的有限性要求企业在管理上考虑资源投入度的优先级，但是在组织能力的打造方面，人才、组织架构、流程、文化以及创新等组织能力要素的投入要尽可能协同一致，因为一旦资源投入和变革措施不同步，则很有可能产生严重的内耗和互损。例如，在为即将开展的新业务执行高潜人才储备计划时，除了考虑提升人才招聘能力、激励机制优化等，还需要同步考虑组织架构和流程的调整，以尽可能确保优秀的人才能够高效地开展工作；同时，也要考虑大量新进入人员对组织文化的冲击，CHO 需要提出有效措施确保文化的有效传承，确保组织文化能够持续地吸引和保留优秀的人才，并避免对现有人才产生负面影响。

CHO 应保持与 CEO 的紧密协同

思想一致，而后行动。在打造组织能力这项工作上，需要明确 CEO 和 CHO 的定位，既有协同又有分工。CEO 作为企业的领导者，其地位和影响力决定了 CEO 必然是打造组织能力的头号发起者和决策者。只有 CEO 在战略上重视组织能力，及时对 CHO 给予权威支持和资源支持，组织变革才可能成功。然而企业能否真正打造出匹配战略目标需求的、强大的、持久的组织能力，则更有赖于 CHO 缜密的思考和布局、丰富的方法论基础，以及强大的组织推动能力等。因此，CHO 是打造组织能力的推动者。

我们将借鉴拉姆·查兰对董事会和总经理职责分工的框架，进一步阐述 CEO 和 CHO 在组织能力打造方面的分工与协同（见图 2-3）。

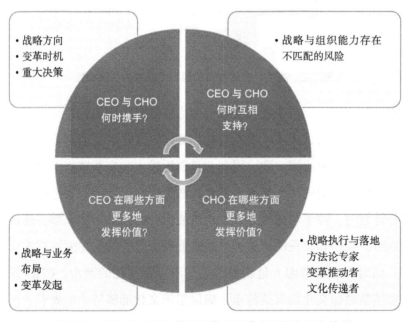

图 2-3　CEO 和 CHO 在组织能力打造方面的分工与协同

CEO 与 CHO 何时携手

1. 战略方向

CEO 和 CHO 都要面向未来，二者要在企业的愿景、使命和价值观以及由此引申出的战略目标方面达成一致。CEO 往往是企业战略方向和业务思路的提出者，而 CHO 要有战略思维和经营意识，真正承担起战略和业务伙伴的角色，根据对市场变化或企业业务发展的判断和预测，从宏观和整体的角度进行思考，抓住关键问题，提前对公司的组织架构或人才进行相应的布局。

2. 变革时机

企业发展面临生命周期——发展期、成长期、成熟期、衰退期，企业必须保持敏锐，在衰退期到来之前评估风险，适时推动组织变革。然而变革往往面临着来自组织自身因素的阻力，比如，组织内部体制、决策程序不健全，职能焦点狭窄，官僚文化和陈旧文化等造成的组织惰性带来的阻力，再如，变革结果的不确定性、对员工地位或收入的影响也容易使员工对组织变革产生抵制。所以 CEO 和 CHO 在变革时机上，必须达成一致并坚定立场，认识到变革时机与变革成本的负相关关系，变革越晚，成本越高，效果越差。二者必须携手共同应对可能面临的各项挑战。

3. 重大决策

为了保证战略执行的效率和效果，CEO 和 CHO 在人才管理、组织变革等重要决策方面要达成一致，包括核心高管的任命、使用和淘汰，组织架构的调整方案，等等。需要提醒的是，CEO 要重视 CHO 在重大业务决策方面的参与程度，比如企业的业务方向调整，投资、兼并、重组等重大资本运作等活动尽可能让 CHO 更早介入。CHO 只有在清楚地了解业务层面变化的前提下,才能对人才与组织调整提出更匹配的优化建议,CEO也要尽可能地信任或重视CHO在人才识别和任用方面的专业判断。

正如拉姆·查兰提到的怡安集团的案例,怡安集团组建了G3(CEO、CFO、CHO组织的核心小组),CEO格雷格·凯斯对G3的工作方式有这样的评论:"企业经营中,把人用好与把资金用好同样重要。我们三个人会共同探讨,共同决策。业务发展和组织人才不是割裂的,光做好资金配置还不够,还要思考有没有合适的人。比如,关键岗位上的人对不对?人才培养的重点是什么?面对收购机会,组织中有没有合适的人去研究推动?将来完成收购后,谁来负责整合及运营?在这些重要的战略议题上,G3的运作机制绝不是CFO和CHO提建议,然后由CEO一人拍板。CEO、CHO和CFO是一个整体,都是G3的一分子,彼此间要真正地做到共同探讨,共同决策。"

CEO在哪些方面更多地发挥价值

1. 战略与业务布局

组织能力的打造永远以战略为导向,战略方向决定了组织变革的方向。CEO作为组织的掌舵人,其核心能力是具备战略思维。除了对企业自身的优劣势要有清晰的认知,更重要的是具有强大的敏锐度和洞察力,能够敏锐地觉察到外部环境细微的变化,包括经济政策、产业政策、技术革新、客户需求、消费习惯等发生的变化对企业业务布局和发展战略产生的影响,并善于抓住机会,适时出击。

2. 变革发起

在当今的商业环境下,企业必须进行适时组织变革,以保持领先的竞争地位。变革的成功需要所有人员的认同、坚信、参与和投入。当变革涉及重大利益时，CEO 坚定信念、身先士卒尤为关键。CEO 要从思想和行为两方面以身作则，组建一个强有力且专注的高层管理团队，采取措施鼓励员工支持变革并采取新的行为方式。1991—1993 年，IBM 连续 3 年亏损，亏损额高达 80 亿美元。作为一名计算机技术"外行"，当时的空降 CEO 郭士纳却用了 9 年时间，奇迹般地使一个连续 3 年累计亏损已经达到 157 亿美元的巨型公司变成了年盈利 81 亿美元的传奇企业，同时成功地把 IBM 从硬件制造商改造为一家以电子商务和服务为主的技术集成商。IBM 的成功转型有赖于郭士纳果敢地在战略、业务、组织、文化方面实施的一系列大刀阔斧的变革。

CHO 在哪些方面更多地发挥价值

如果说 CEO 的身先士卒是组织变革成功的序曲，那么 CHO 的战略推动与执行则谱写着整个组织变革的乐章。CHO 在战略落地和组织变革过程中的影响力及推动作用离不开其扮演的三方面的角色：

1. 方法论专家

专业是立身之本，优秀的 CHO 首先得是方法论专家。但是方法论专家并不是专业主义，不能只满足于对各种眼花缭乱的方法、工具或专业术语信手拈来，而是要深层次掌握各类方法、工具的适用场景，并能够在非常规场景中灵活变通。打造组织能力要求 CHO 必须具备丰富、系统的底层知识体系，包括战略层面、业务层面、财务层面、组织层面、人才管理层面乃至心理学层面等一系列知识架构，并能够从中精准选择并使用适合企业当前业务特点和发展阶段的方法或工具，提供系统的人力资源解决方案，从而更有效率地支撑业务，创造价值。

2. 变革推动者

CEO 是变革的发起者，而 CHO 是变革的推动者。组织变革涉及组织架构的调整、流程的再造、管理者的任用、激励政策的调整，甚至整个企业文化的革新等方方面面，CEO 是否要全部参与呢？答案是否定的。GE（通用电气公司）前 CHO 康纳狄说："我最重要的工作就是减少杰克·韦尔奇的工作量，而非给他增加任务。"曾与康纳狄共事的咨询大师拉姆·查兰说："康纳狄有本事识别各种任务的重要性，从里面挑出真正需要 CEO 自己动手的工作，排除其他琐事。他释放了老板的工作能量。"因此，在变革过程中 CHO 要主动承担起变革推动者的角色。

CHO 必须具有业务思维，基于企业实际，引进和推行创新的管理模式及企业运营体制，实现组织内部各项机能按照新的秩序协调、顺畅、高效地运转。然而，达到这一理想状态并不容易，需要 CHO 从中发挥作用，激发全员的事业心与激情，引导员工形成变革的思想，并创造出变革的技术、变革的产品和变革的企业管理流程。在变革过程中，CHO 要依靠敏锐的洞察力，基于决策层、管理层、业务部门、员工、客户、外部机构等相关方的特点和需求，与各方保持真诚、高效、持续的沟通。通过沟通，CHO 不仅要让各相关方理解并认同变革对企业的重要性，更重要的是认识到变革对他们自身产生的价值。CHO 要通过切实的行动，帮助管理者更好地执行公司政策，打造高绩效团队，帮助员工更投入地工作，达到公司愿景与个人愿景的高度契合。

3. 文化传递者

如前文所述，组织能力是企业持续运转的"钟"，是让企业"基业长青"的不二法门，如何做到持续运转，让企业的一代领导者，二代领导者，以及后续的领导者都能够平稳并快速地传递好企业经营的接力棒，关键在于文化的传承。无论企业文化如何构建，最终都离不开两个终极命题，一是目标导向的绩效文化，二是人才导向的尊重文化，前者重视挑战性目标带来的驱动和牵引，后者重视人才的需求与发展。而企业文化的落实不仅在于形式化的视觉传播和活动策划，更重要的是，CHO要确保文化融入企业管理规范的每一条细则中，比如奈飞公司（Netflix）取消休假和报销审批制度的做法生动地体现了其"自由与责任"的企业文化。

CEO与CHO何时互相支持

战略与组织能力并不一定总是匹配的。在实践中，CEO往往更关注战略的走向，CHO更关注具体组织能力建设的推进，然而这远远不够。理想的状态是CEO在关注战略的同时关注组织能力的匹配性，而CHO则在推动组织能力打造的同时也适时关注战略的方向是否存在偏颇，二者要在发现组织能力和战略存在匹配风险时互相支持，适时调整。

组织能力要匹配战略目标，CHO必须确保HR工作能够转化成业务成果。当组织对业务目标的支撑乏力时，CEO要关注当前组织的效率，像重视业务一样重视组织能力的打造，要关注人才的供应、文化的凝聚是否存在问题，了解CHO在解决问题的过程中是否存在困难和瓶颈，并考虑否需加大资源投入，适时给予支持。而CHO则要关注战略方面是否存在过于激进或过于保守的倾向。尤其是在CEO对未来战略定位模糊，还处于探索阶段时，CHO要提前介入，依靠自身的洞察力和专业力，帮助CEO澄清战略，并提前规划、部署组织能力构建的思路，从而帮助CEO论证战略的可行性。

企业的成功有赖于打造以实现战略目标为导向的组织能力，而CEO和CHO在打造组织能力方面都有不可推卸的责任，CEO要在战略上重视组织能力，通过坚定的信念、有魄力的行动、资源的投入等为组织能力打造提供强大后盾；CHO则要在战术上重视组织能力，基于其自身的专业度、业务思维和领导力，再造人力资源管理和组织变革的相应流程，而这正是保证组织能力真正支撑战略目标的关键。CEO 是舵，CHO 是桨，CEO 是组织能力的建筑设计师，CHO 是组织能力的工程建造师，CEO 是军事长官，CHO 是政委，二者缺一不可，通过协同与分工，打造企业的组织能力，确保企业的持续成功。

关键发现

组织能力是企业持续成功的关键。

组织存在的价值是整体大于个体相加，等于个体相乘。

组织是企业持续运转的"钟"，而不是"报时"。

组织能力是企业真正的护城河，是无法复制和超越的竞争优势。

CEO 和 CHO 的共同使命都是打造组织能力，但要有清晰的分工。

CEO 作为企业的领导者，其地位和影响力决定了 CEO 必然是打造组织能力的头号发起者和决策者。

CHO 要基于战略，运用缜密的思考和布局、丰富的方法论基础，以及强大的推动能力落实组织能力的打造。

Precise
Selection of
CHO

—— 第三章

首先是领导岗位，其次才是专业岗位

CHO首先必须是极好的业务领导人。

——谷歌董事艾伦·穆拉利

CHO对于企业打造组织能力如此重要，企业家也迫不及待地花了很大的精力，绞尽脑汁地去寻找优秀的CHO，却往往发现无人可寻、无人可用。如果连优秀的CHO的画像是什么，什么样的CHO才能胜任岗位，什么素质是CHO不可或缺的都不知道，那么即使有一位优秀的CHO站在面前，企业家也很难慧眼识珠。很多企业家也会向我们提问："我们公司没有真正懂人力资源管理的人才，能否帮助推荐合适的候选人？"其实，很多企业家对CHO的胜任素质了解得不准确，甚至在标准的认识上存在误区，经常按照错误的标准招来了不合适的人，而身边能够胜任CHO的潜在人才却被搁置浪费。所以，明确CHO的胜任标准是寻找CHO的第一步。

成功的CHO首先是一个成功的领导者

依据工作性质对工作进行分类，工作大多分为专业技术性工作和领导性工作（或叫管理性工作）。专业技术性工作主要从事特定领域的研究，依靠个人能力完成任务；领导性工作主要处理流程、人和事的关系，通过他人完成任务。这两类工作对人的能力要求截然不同，极端一点儿讲就是，类似于科学家与政治家之间的巨大区别。专业技术性工作需要严谨细致的思维能力和探索精神，需要长期聚焦于某一领域的深度研究和实践；领导性工作需要有很强的领导力，能够有效地调度人和资源，驱动团队完成目标。专业岗位和领导岗位的对比如表3-1所示。

表3-1 专业岗位和领导岗位的对比

对比维度	专业岗位	领导岗位
定义	专业岗位从事专业技术工作	领导岗位担负领导职责或管理任务
对象	针对事，特定的研究对象	针对人，涉及人与人、人与目标等多重关系

(续)

对比维度	专业岗位	领导岗位
绩效影响	依靠个人能力完成任务	通过团队达成目标
标准	有明确的衡量标准	有清晰的目标和主观判断
侧重	科学性	艺术性

全球知名的领导力大师詹姆斯·库泽斯和巴里·波斯纳定义领导力就是"动员大家为了共同的愿景努力奋斗的艺术"。CHO 的使命是帮助企业打造卓越的组织能力，为了履行使命，CHO 必须深刻理解公司战略，熟悉业务，统筹内外部资源，整合业务、人才、文化、流程与组织架构等要素，阐明组织愿景，提供系统的人力资源解决方案，并使企业高管达成共识，适时推动组织变革。为此，CHO 必须具备卓越的领导力。

光辉合益研究发现，高管群体中 CEO 和 CHO 的领导力特征最为相似。而戴维·尤里奇曾在一次会议上讲道：一个好的人力资源领导者，应该像一个好的 CEO 一样。美国超价商店前首席财务官布鲁斯·贝桑科认为："对于 CFO 或 CHO 而言，最重要的是具有开阔的思维、强大的公信力和较高的战略眼光，这就要求他们扮演除职能以外的更多角色。作为 CFO，我首要考虑的是，自己先是一名企业高管，其次才是财务部门负责人。我希望 CHO 也持有同样的观点。"怡安翰威特咨询公司通过对全球领先企业的 45 位 CHO 的调研发现，超过一半的 CHO 并非人力资源专业出身，其中更有约三分之一的 CHO 在担任职位前并没有人力资源管理的相关经验。因此，CHO 首先应该是领导岗位，其次才是专业岗位。

CHO 首先是领导岗位，其次才是专业岗位，看似浅显的道理，实际上很多企业在认知上都存在较大的误区。由于人力资源的概念最早由彼得·德鲁克提出，西方的人力资源管理探索比中国早了很多年，沉淀了很多领先的理念和科学的方法，中国目前还处于学习西方人力资源管理理念和方法的阶段。国内很多商学院陆续设立了人力资源管理专业，而近年来人力资源的新概念、新理念、新词汇也层出不穷，因此很多企业家误把

CHO当成专业岗位,在选择CHO时往往更关注候选人对人力资源专业知识、理论和方法的掌握程度,尤其关注候选人是否具有外企背景、咨询公司背景,是否从事过招聘、薪酬绩效等专业模块的工作,而忽略了对其领导力的考察。

放宽冰山上,坚守冰山下

CHO首先是领导岗位,其次才是专业岗位,意味着专业知识与技能决定CHO会不会做人力资源管理,而领导力素质则决定CHO能不能做好。专业知识与技能等冰山上的素质可以在短期内通过学习快速提升,而领导力素质属于冰山下的素质,很难在短期内有重大变化,领导力是招聘CHO考察的关键。我们对比了普通企业与卓越企业选拔CHO的关注点,如表3-2所示,发现普通企业更关注冰山上的专业技能和经验,而卓越企业更关注冰山下的领导力素质。所以企业在选拔CHO时,要注意放宽冰山上,坚守冰山下,只有候选人具备较强的领导力,才能更好地胜任CHO工作。

表3-2 普通企业与卓越企业选拔CHO的关注点

类别	普通企业	卓越企业
冰山上 (经验和技能)	同行经验 人力资源从业经验 外资企业背景 管理咨询公司经历 专业能力	人力资源管理成功经验 业务管理经验
冰山下 (领导力素质)	亲和力 沟通技能 影响能力	先公后私 坚定信念 战略思维 变革推动 组织智慧

成功 CHO 的五项领导能力模型

我们通过对超过 40 位 CEO 的调研和与优秀 CHO 的深度访谈,总结和提炼了 CHO 要具备的五项领导能力模型,如图 3-1 所示。

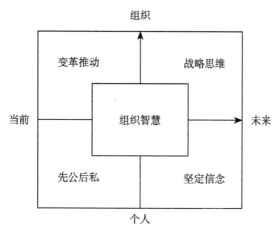

图 3-1　CHO 五项领导能力模型

图 3-1 中的横轴代表了从当前到未来的时间段,纵轴代表了从个人层面到组织层面的覆盖范围。从短期当下看,在个人层面上,CHO 要具备先公后私的利他精神,才能保证在处理人的事情上以组织利益为先,保持身份的客观性;在组织层面上,CHO 的核心是打造企业的组织能力,而打造组织能力过程中最为关键的就是推动变革的能力。

放眼未来,随着时间的推移,任何变革都会因为内部的行为惯性而产生各种阻力,所以个人层面上具备执着的坚定信念是变革有效落地的关键驱动力;组织层面上则需具备战略思维,自始至终站在更加宏观、更加长远的角度进行人力资源管理的规划设计与推进。此外,在人力资源管理的各项工作中,CHO 需要具备敏锐的组织智慧,以做好企业家、业务部门负责人,以及员工之间的利益平衡,做好短期工作和未来规划之间的安排，处理好组织稳定有序和创新活力之间的矛盾，保证组织变革的成功落地，最终达成组织目标。

先公后私

"先公后私"是德锐咨询公司创始人李祖滨先生对吉姆·柯林斯的"第五级经理人"的特质进行深度研究后的重新意译。"先公后私的第五级经理人"是确保企业实现从优秀到卓越跨越的第一要素。"先公后私"是一种将组织整体利益和长远利益置于个人利益和短期利益之上，在保证组织利益的前提下追求个人利益的素质。

先公后私这一素质对于CHO来说更为关键，原因有三：

第一，CHO是企业文化的代表，要有公信力，所以在行为上必须践行先公后私。

第二，CHO要代表组织发声，处理组织与员工个人利益平衡的各类问题。在处理问题过程中，CHO个人的利益和立场经常会面临挑战，需要CHO抛开个人得失，处理好组织内部相关利益群体的关系，坚持以组织利益为先，才能推进人力资源各项工作。

第三，CHO的使命是打造组织能力，更多的是负责后台管理工作，服务组织和员工，甘于奉献，通过成就企业、成就团队和成就他人来成就自我价值，而不是奉行个人英雄主义，过度追求个人名誉。

正如阿里巴巴前CHO邓康明在一次采访中说，通过多年的从业经历总结，他认为人力资源工作者"需要很强大的内心和定力，不为一时毁誉所左右，只要无欲无私心就要能够挺住守住，不改初心。……另一方面，人力资源工作者又是一个'搭台唱戏，为他人做嫁衣'的工作，不能有太强的自我和权力欲望，站在幕后成就他人，大家好，才是真的好"。

先公后私的房晟陶

2012 年，龙湖集团董事会主席吴亚军亲自撰写并公开发表一篇题为《或相濡以沫，或不忘于江湖》的文章，评价了房晟陶之于龙湖的重要意义："他拖着个行李箱，全年飞行 100 次以上，或忙于招聘，或忙于为员工讲课；在分配股票和奖金时，他总是把自己压低，我要加上去，他却不允许；我总劝他理财，他总说'钱够用了，多了不是啥好事'。独立人格，自由思想，书生本色，忠诚友谊，淡泊名利！这五句话，想来老房是当得的。"

坚定信念

"你期望什么，你就会得到什么"这一效应在心理学中被称作"皮格马利翁效应"，是指人们基于对某种情境知觉形成期望或预言，而后受到期望或预言的暗示，主动、积极地影响情境，使其符合期望或预言的效应。

CHO 要有打造美好组织的坚定信念，对企业愿景的达成以及人的内在动机始终保持正面看法，相信激发出每一个人的力量，就能实现企业的愿景。所以，坚定信念包含两层含义，一是坚信组织的未来，二是坚信他人的潜能。

1. 坚信组织的未来

CHO 在组织中的角色往往是影响他人的"领路者"。让员工相信企业的发展，愿意付出努力与企业共同成长的前提是，CHO 自身对组织的美好未来保持着坚定的信念。只有做梦想的奋斗者，做愿景的追求者，才能自我驱动，才能坚持长期主义，才能在面对变革的艰难阻力时不放弃。即使在短期内遭遇挫折而失败，或者短期没有产生明显的变革成果时，CHO也要坚定信念，并积极总结、完善与优化人力资源解决方案，这样才能打造卓越的组织能力，为公司的持续发展保驾护航。

蒙牛集团 CHO 邬君临在一次公开访谈提到，她自加入蒙牛集团开始，便需要在清晰的目标与路径的引领下，进行组织变革。她的整个工作节奏可谓马不停蹄，在一次出差旅途中，她在微信朋友圈中动情地写道："频繁的旅途奔波，除了体力上的要求，还需要梦想与情怀的支撑。梦想就是将蒙牛人力资源打造成行业标杆，而我的情怀是希望能够为蒙牛带来实实在在的变化，这些变化不是在嘴上说的，而是真切地体现在每一项行动中。希望因为我的加入，这家企业有所不同。"

2. 坚信他人的潜能

彭蕾在一次公开演讲时说，自己在 HR 生涯中一直致力于用触碰心灵的方式管理人。她讲述自己一直有一个理想，就是希望能找到一种触碰人心灵的方式，可以把员工心里向上的、积极的能量激发出来，引导员工成为身心平衡的人，同时营造出一种不仅一起工作，也共同生活，享有共同的精神领域的氛围。在这样的氛围下，大家的心灵是放松的，可以更清醒地认知周围的伙伴，更加热爱生活、同事和工作。所以她积极地为组织赋能，一直努力将冰冷的职场变成情感交汇的"情场"，让员工在上班时间也可以还原成情感丰富的完整人，给予员工充分的尊重，让公司与员工原本对立的关系变成相互信任、相互尊重、融为一体的关系。

人力资源管理是一项系统性的工程，投入大，见效慢，CHO 往往不被企业高层重视，推动组织变革的过程中阻力重重，同时还要处理复杂的人际关系，经历人性的阴暗面，有时候不被理解，又要坚持原则。CHO 往往要有"拨开云雾见天日，守得云开见月明"的心态，要有"黑夜给了我黑色的眼睛，我却用它来寻找光明"的信念。CHO 还要相信梦想和人性的光芒，通过积极正向的引导改变组织内成员的行为，如信任、赞美。正向的引导可以使组织获得一种积极向上的动力，从而赋能组织，使组织达成预期目标。

Google 的首席人才官拉斯洛·博克在其著作《重新定义团队》中提到，他与 Google 的高层一直致力于建立高度自由的环境，赋予员工工作的意义，相信员工内在的动力，等等。这些举措实际上极大地鼓励了在职员工，也让企业的"场域"更富有正能量。

能否坚定信念决定了 CHO 将来能走多远，因为只有内心拥有了坚定的信念，CHO 才能孜孜不倦地投身打造组织能力的事业中，为之付出时间和精力，才能有动力和信心去克服内外部的各种困难，和 CEO 一起带领团队不断取得新的成绩。

战略思维

战略思维，意味着 CHO 要能站在 CEO 的角度，充分理解公司战略和业务特点，能够从战略的高度和业务的深度两方面部署人力资源的各项活动，从而成为企业真正的战略业务伙伴。

2014 年拉姆·查兰发表《分拆人力资源部》一文，该文一经发布，全球商业界人士都争相讨论起这个问题，无数质疑的矛头一齐指向了人力资源部。该文尖锐地指出大部分 CHO 不能满足 CEO 的期望，因为他们不熟悉业务，也没有办法把人力资源工作和公司战略更紧密地结合起来。企业的一切商业活动都须围绕着客户需求展开，一切职能都需要满足业务的需求。评估 CHO 的工作做得好不好，关键是看企业的业绩怎么样，人力资源有没有满足业务的需求，有没有支持战略的实现，而不是看设计的方案多么专业、工具多么领先、表格多么精美。**CHO 的战略思维是指把满足业务需求作为人力资源工作的出发点，把未来战略目标作为人力资源**

工作的靶心。只有熟悉业务，才能根据业务变化快速调整人力资源工作重点，打造组织能力以支撑战略目标的实现，正如阿里巴巴前CHO邓康明在一次访谈中说道："HR工作是'万金油'，要学会抽丝剥茧。我不要求我的HR下属要懂业务，但是要懂业务的核心逻辑，就是产品怎么制造的、如何到达客户那里的，以及人在这个节点的影响等，这个链条要理清楚并定期跟踪。投入产出、边际成本、边际收益、人均收入等，心里要有本清晰的账并持续跟踪。只要这些'硬'的清楚了，'软'的才有着落，才有抓手，所谓'软的事情，硬的做'。"

1. 业务需求是CHO工作的出发点

拉姆·查兰在《识人用人》一书中写道，"如果CHO能够真正懂业务，具备商业头脑，且在公司财务及组织人才方面有深刻的洞见，那么他们完全可以像CFO那样成为CEO的伙伴，也能帮助CEO做出正确的决策，帮助企业创造价值"，"今天卓越CHO的首要标准就是必须像优秀业务领导一样精通业务，如果达不到这个标准，重塑人力资源恐怕很难达到预期效果"。

如果CHO不懂业务，那么就无法和CEO及业务领导者并肩作战，不知道业务的需求是什么，与业务部门无法进行同频对话，CHO只能在办公室里根据会议指令，用专业的方法设计出一套套非常漂亮的人力资源管理制度，然后依靠职权来推动其落地。可想而知，制度落地的最终效果难以保证，要么很难推进实施，要么实施之后大家的工作状态一切照旧。究其原因就在于方案的设计陷入了工具论、方法论和标杆论的陷阱，而忽略了对真正要解决的问题的洞察和探索，也就是忽略了业务需求。我们曾访谈过一位大型企业的优秀CHO，她的一句话令人印象深刻。她说："我的办公地点不是在办公室，而是在业务一线，我的同事很多时候并不能在办公室找到我。"

CHO 要了解业务，熟悉业务，甚至精通业务。拉姆·查兰总结了卓越 CHO 的 8 个要素，其中首要标准就是精通业务，他认为卓越的 CHO 需要"经过历练考验，管理过一线业务，懂业务，懂战略，能在做好人力资源工作之余，参与讨论并领导相关工作"。

2. 战略目标是 CHO 工作的靶心

美国南加利福尼亚大学的一个研究团队发现，在大约 1/4 的企业中，没有任何 HR 工作经验的管理者被任命为 HR 高管。企业之所以这样做，是因为这些人"会使企业的人力资源管理活动变得更加具有战略性"。CHO 不能仅仅被动地响应业务需求，忙着救火，而是要从未来战略出发，前瞻性地做出人力资源筹划，这样才能从容地应对挑战，系统地解决问题。CHO 需具备战略思维，最重要的是将人力资源工作与企业战略统一起来，他们并不一定要精通如何设计企业战略，但是一旦企业战略确定，CHO 需建立人力资源战略、策略和过程，把战略目标作为工作的靶心。

日常工作中，CHO 的战略思维至少应该体现在三个方面。

前瞻性：战略思维的本质是站在当下面向未来进行决策，要能够对行业的长远发展方向和趋势做出分析、预测，以未来决定当下，而不能只顾眼前的短期问题。真正的前瞻性要求的是在不确定的情况下创造价值，而不是简单的趋势分析。

拉姆·查兰认为："CEO 和 CFO 通常会制订 3 年计划和 1 年预算。CHO 也应该运用人事方面的知识，评估这些商业目标成功的概率。比如，面对外部环境的快速变化，关键小组或领导有多大可能因变应变？或者团队成员有多大可能协同合作？CHO 应提出此类问题并提供建议。" CHO 必须站在战略管理前瞻性的高度去理解和设计人力资源管理体系，根据对市场变化或企业业务发展的判断，提前对公司的组织架构或人才管理工作进行相应的筹划，主动应对未来的挑战。

系统性：系统性是指要求 CHO 有 CEO 的视角，不能局限于从业务单元、区域、部门、专业模块的角度去构建人力资源体系，而是要从大局、系统和整体的角度考虑问题，即从企业的经营角度、业务角度、协同角度等多维度制定公司的人力资源管理体系。

系统性要求 CHO 不能只关注点状的问题，而是在任何时候都需要从全局思考、分析和解决问题。例如，当人员流动性较高时，为了填补空缺，很多 CHO 将精力投入在招聘上，头痛医头，脚痛医脚。然而人员流失率高的真正原因，可能是薪酬吸引力不足，抑或是企业文化开放度不够，或是人才招聘的标准和评估方式不科学，又或者是受多重因素影响，如果不从根本上解决问题，那么人才招聘工作将会进入恶性循环。此外，系统性要求 CHO 必须能够纵览全局，不能从单一的方面看待和解决问题，要做到既能治标又能治本。

专注性：战略的本质就是取舍，首先要明确做什么，不做什么，其次要区分轻重缓急。企业人力资源工作也需要取舍和区分轻重缓急。CHO 需要在错综复杂的现象中识别出起到关键性作用的重点，避免工作面面俱到但又不深入，需要根据公司的发展阶段和特点聚焦有价值性的工作，将有限的资源集中在最能实现公司战略目标的举措上。谷歌 CHO 拉斯洛·博克提出"人才招聘是任何组织唯一最重要的人力活动"，坚持"只聘用比你更优秀的人"，在资源有限的情况下，将人力资源费用首先投入在招聘上。"调整你们公司人力资源工作的重心，聚焦招聘工作，此举几乎比任何培训项目带来的回报都更高。"拉斯洛·博克能够根据谷歌的发展阶段和战略聚焦人才招聘工作，此举帮助谷歌招聘到大量有创意的精英，让谷歌成为人才的高地，确保谷歌在技术领域占据领先地位，帮助谷歌成为全球最伟大的公司之一。

主动性：CHO 不能被动地响应各方的需求，不能等问题出来后再去解决，这是因为当问题已经发生时，所花费的成本将更加高。所以，CHO

要主动应对各方的需求，敏感地根据业务的变化抢先提出预警或解决方案。例如，企业在业务快速发展阶段，需要增加人手，各部门未经慎重考虑是否真正需要就向人力资源部提出需求，久而久之，企业在不自觉中会产生大量的冗员，效率降低，但业务的快速发展往往会掩盖这些问题。随着市场竞争逐渐加剧，公司为了适应市场往往会被动地采取裁员、降本、优化流程等措施，这时公司需要花费高额的费用和大量的时间解决这些问题。如果CHO在最初能主动思考，审视人力资源各项决策的合理性，预估潜在风险，严把质量关，就能避免这些问题的发生。

需要提前规划的战略性人力资源关键工作：

- 提前10年制订接班人计划。
- 基于业务转型制订3～5年的人力资源转型计划。
- 用3～5年的时间打造企业稳健的人才供应链。
- 对于重大管理制度或措施，需要提前3个月或半年的时间准备。
- 持续招聘优秀的人才。
- 持续推进人力资源数据化和信息化系统建设。
- 提前2年准备全球化的工作。
- 提前提升公司并购的能力和人才储备，提前制订并购整合方案。

万科CHO解冻的战略思维

2000年的时候，"HR要成为企业管理者的战略合作伙伴"这一理论才刚刚在国内被企业关注，万科CHO解冻和他的团队就已经开始进入这个新的角色。

解冻多次召集同事们讨论，要实现新角色的定位就一定要有前瞻性，也就是说，目前应该做的事情要能满足公司未来的战略需求。比如，公司大规模扩张，需要大量的人员储备，那么培训工作就需要进一步加强，而各地分公司不可能花费高额的成本让每个员工都来总部培训，因此需要建立网络学院，通过IT化的系统推进培训的工作。

为了系统地解决人才短缺的问题，不能单一地从人才储备的维度解决问题，于是万科推出了"海盗计划"，通过从合作伙伴、竞争对手那里挖来成熟的人才来补充。

解决了人才短缺的问题，接下来要做的就是抓住重点，从战略层面推动绩效管理体系的改进，因为这对于整个组织实现战略目标有着强烈的引导作用。这段时间里，万科的人力资源部不但引进了很多管理方法和管理工具，并且推行了一系列变革措施，如引进平衡计分卡和推行末位淘汰制度。解冻希望通过这一系列前瞻性、系统性、重点性的工作，使得公司实现战略目标，同时真正使HR部门的威信、声誉树立起来，让更多人接受"HR作为企业管理者的战略合作伙伴"的定位。

变革推动

随着VUCA时代不断升级，柯达、摩托罗拉……一个接一个地倒下，而它们曾经恰恰是大家竞相学习和模仿的标杆企业。我们发现在VUCA时代，那些有序的流程体系、规范的管理制度已经不再是克敌制胜的法宝。渐渐地，大家都能够深刻地感受到，要应对变化，管理变革必将成为企业管理实践的常态。

变革推动是指CHO要根据企业的外部环境变化和自身战略调整，基于业务需求，主动推动公司文化、人才、领导力、流程等一系列的变革，以提升公司应对经营挑战的能力，帮助企业转型，实现持续的发展。企业过去成功的经验有可能成为未来发展的阻力，世界唯一不变的就是变，如果企业变革创新的速度低于外部环境变化的速度，往往会被时代淘汰。

1. GE 变革成功公式

哈佛商学院变革大师约翰·科特教授及麦肯锡的调研发现，70% 的变革都是失败的，变革成功率只有 30%，而其中只有 10% 的变革超出了预期。如何提升变革成功率？在 GE 内部有一个公式：

$$E=Q \times A$$

式中，E 是指变革成功，Q 是指决策质量，A 是指团队对决策的认同程度。失败的变革项目 90% 都有一个很高的决策质量 Q，但因为团队对目标缺乏认同度 A 而宣告失败。可见，人的因素是决定变革成败的关键因素。

企业的变革包括战略、商业模式、技术、流程与制度、企业文化、领导力、人才等变革，如果企业只想着改变战略、商业模式、技术等条件而忽略了人的因素，那么变革注定是失败的，因此企业变革的核心是管理变革，而变革成功的关键在于如何转变人心（图 3-2）。约翰·科特教授在《引领变革》等著作中提出"变革八步法"，即"增强紧迫感、建立指导团队、设定愿景、感召众人、赋能行动、创造短期成效、再接再厉、巩固成果"。基雅维利在《君主论》中提出：世界上没有比推动变革更难的事件。而推动变革最难的是人的变革。约翰·科特教授的"变革八步法"都是关于人的变革，CEO 是变革的决策者和主导者，而 CHO 是变革的主要推动者。郭士纳推动 IBM 变革成功的关键就是让对的人去做对的事，因此 CHO 必须具备变革推动能力，协助 CEO 建立推动变革的团队，建立变革的文化，推动变革成功。

2. CHO 是变革的主要推动者

怡安翰威特《CHO：是时候赢得你的一席之地了》白皮书发现：

"为实现增长,从职能角度来看,引领转型和变革最合适的候选人是CHO——CHO在提升组织效能方面拥有最大的优势,在薪酬激励方案设计方面拥有最深厚的技能知识,而且身为高级管理人员,其角色从组织架构上最便于协调不同组织部门之间的努力。"CHO最能在公司变革中发挥优势,CHO的核心工作就是充当企业变革的推动者,帮助企业在"新常态"的经济环境下获得成功。不同于CFO、CTO等所推动的管理变革,CHO的变革推动更加关注人的层面,所以更具个性化与针对性。

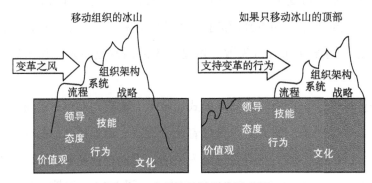

图3-2　变革的关键是人的变革

CHO推动变革的六个关键步骤:

(1)敏锐地觉察企业存在的问题的实质,发现变革契机。

(2)说服企业家、CEO认识到变革的紧迫性和重要性。

(3)推动组织中高层就组织变革达成共识。

(4)整合各方资源力量,设计系统的组织变革方案。

(5)善于借助外部咨询机构的力量,加速变革进程。

(6)预见组织变革中的风险、隐患,把握变革推动进程。

组织智慧

我们在访谈国内知名CHO的过程中发现,CHO们多次提到"组织智慧"一词，"组织"和"智慧"两个词都是大家所熟悉的，但合起来想必大家需要深思背后的要求。CHO是做组织的工作，说到底还是做人的工作，所以CHO对人性要有深刻的理解，要深谙不同人员不同层次的需求，既要懂得坚持原则，又要变成组织的润滑剂，既要专业性地提供人力资源解决方案，又要艺术性地推进解决方案的实施。CHO的组织智慧往往体现在四个方面。

（1）对组织不同类别人员利益需求的敏锐洞察。现实中，企业家、高管团队、业务部门负责人及员工之间的诉求有时是不同的，尤其在处理推进组织变革的过程中出现的矛盾与冲突时，考验的就是CHO的组织智慧。

CHO要保持足够的敏感性，能够抓住不同利益诉求点，建立共同的文化和价值观引导员工行为，并通过有效的激励机制，将不同利益群体有效地链接到共同的目标上。在基于企业发展目标和内部问题而发起变革时，必然会影响到组织内部权力和利益的重新分配，并不是所有人都欢迎的，这就要求CHO与企业家、高管团队达成共识，提前了解关键人物的态度，并加以影响，不要变成只是某一个群体的代言人，对不同类别的人员需求采用不同的方式，平衡好不同角色的利益关系，能够把不同群体凝聚到共同的利益和目标上。

（2）把握组织变革快与慢的节奏。CHO要能敏锐洞察变革的时机，在恰当的时候积极推动组织变革朝有利的方向发展。CHO要能评估组织问题的潜在风险以及内部各个利益群体对变革的认同和支持程度，从而判断变革的最佳时机。

斯图尔特·布莱克与霍尔·B.格里格森将变革分为三种类型：前瞻型变革、反应型变革和危机型变革。

前瞻型变革是在变革的迹象刚刚发出信号便积极推动变革，这种变革成本最低，但变革的难度也最大，因为问题仿佛还很"遥远"，对一般员工的认知能力要求很高，很可能造成"众人皆醉我独醒"的尴尬局面，较难达成内部认同，强硬推行将会引起内部较大的震荡和波动。

反应型变革是在有明显的变革迹象和信号时而做出相应的反应，这时的变革相比前瞻型变革容易一些，但也已经错失一些机会。

危机型变革是当组织已经"大难临头"时才采取措施，变革已经刻不容缓，这种变革最容易，但成本最高，组织很可能因为行动迟缓而付出昂贵的代价。

CHO要以切实行动和坚定执行起到变革带头示范作用。同时，CHO要在前瞻型变革和反应型变革中做出判断、取舍，设计好变革中各环节的先后顺序。CHO只有把控变革的快与慢的节奏，拿捏保守和激进的力度，平衡变革风险和内部稳定，才能更好地减小变革的阻力和风险，成功推动变革。变革的时机与成本关系如图3-3所示。

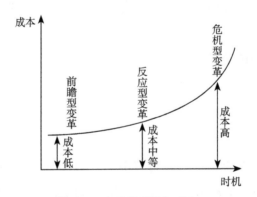

图3-3　变革的时机与成本

（3）**预判变革中的组织情绪**。组织智慧要求CHO具备积极预期的特质，即通过正向赋能，引导大家实现最终的结果，尤其是在组织变革的过程中。变革曲线（见图3-4）包含了四个阶段，它描绘了大部分人在面对变革时会经历的心理变化过程。CHO作为变革的推动者必须积极地引导大家将抗拒变成决心，将计划变成结果，将对变革的畏惧变成对成果的期盼。

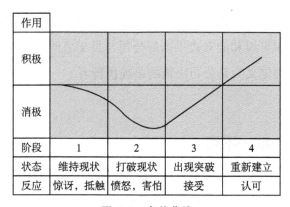

图 3-4 变革曲线

在变革的第 1 阶段，人们无可避免地会有惊讶或者抵触的情绪，这就需要 CHO 向员工提供畅通的沟通渠道，让员工充分了解变革的基本情况。

进入第 2 阶段，当变革开始实施后，员工可能会因为各种问题而感到烦恼、害怕或愤怒，CHO 要做好细致的工作计划和充分的准备，预判新的措施可能带来的影响，并注意观察，及时与员工进行沟通，有效化解矛盾。

进入第 3 阶段，人们的态度慢慢发生转变，开始思考这些变革将会带来什么积极影响。CHO 要适当地开展一些培训，采取小胜法则，让大家体会到变革带来的好处，使大家更积极地投入变革中。

进入第 4 阶段，人们已经完全接纳了变革，并开始享受变革带来的种种好处。CHO 要重视将胜利的果实与整个团队分享，这种做法将会对下次变革产生积极影响。

（4）**坚持原则与适当妥协**。CHO 要注意在推进组织变革的过程中不能盲从，必要的时候要敢于说"不"，有时越急于实现公司的目标，反而可能对企业越有害。CHO 要有自主判断力，区分长远利益和短期利益，以及整体利益和局部利益，维护公司长远利益和整体利益，致力于帮助组织提升能力。

而对于一些激进的做法，可以考虑把推进的时间放得更长一点儿，避免急功近利，用更缓和的方式平衡好公司与员工之间的关系。坚持做正确的事情，避免被定义为是公司决策的单纯执行者。

五项领导能力缺一不可

从CHO五项领导能力模型来看，同时具备先公后私、坚定信念、战略思维、变革推动、组织智慧这五项领导能力对CHO有些苛刻，但我们通过多年的研究发现，优秀的CHO应该同时具备这五项领导能力，只是五项领导能力的胜任程度可以略有差异。

首先在这五项领导能力中，每项领导能力至少要达到胜任级别，以保证不存在明显的短板，正如人的身体一样，如果在某个微小的器官上有恶性肿瘤细胞，即使其他部位再健康，也会对身体造成致命的伤害。此外，在保证五项领导能力全部具备且没有明显短板的前提下，其中至少一项领导能力能够做到卓越突出，他们获得成功的概率将会大大增加。戴维·尤里奇认为所有领导者的"弱项"至少应该达到平均水平，这样才有可能培养他们的战略性思考能力、执行能力、管理能力和培养未来领导人才的能力。卓越的领导者都有一技之长，至少有某个方面非常突出，这是优秀领导者的共性。

CHO领导能力行为量表

我们从众多优秀CHO身上提炼出CHO领导能力行为量表（表3-3），提供一个有效的胜任评估方法。这份领导能力行为量表对CHO的五项领导能力具体行为做了具体描述，每项领导能力我们提取了最典型的10种行为。

第三章　首先是领导岗位，其次才是专业岗位

表 3-3　CHO 领导能力行为量表

领导能力	行为	得分
先公后私	1. 站在公司整体层面解决问题，以 CEO 的视角来思考并推进 HR 部门的工作，不以个人喜好处理问题	
	2. 坚持做对组织长期有益的事，即使影响短期利益也不会有所妥协	
	3. 在推动变革相关事宜时客观公正，保持整体利益最大化	
	4. 集体组织利益为先，带头坚定地推动并执行公司的相关决策	
	5. 即使得罪人，也勇于做出维护公司利益的决策，并有担当地坚决执行	
	6. 主动承担工作职责范围外的事项，助力公司战略落地实施	
	7. 真实客观地评价自己与他人的工作成果，不为了个人成就而贬低他人所做的贡献	
	8. 进行利益分配时，不偏向自己或关系密切的人	
	9. 对损害公司利益的行为零容忍，勇于制止	
	10. 为了公司长久的发展，敢于选聘比自己能力强的人	
坚定信念	1. 有清晰的梦想，相信组织美好的愿景一定会实现	
	2. 热爱公司的事业，自觉投入努力和精力	
	3. 不局限于本领域知识，主动前往其他岗位轮岗，能够点燃他人，激发组织成员的信心	
	4. 不断学习前沿知识，并结合企业现状进行应用	
	5. 碰到事业困难和挫折时永不放弃，不断进行自我激励	
	6. 对公司的未来发展展现出坚定的信心	
	7. 将个人目标融入公司发展中，把公司目标的实现作为人生的重要部分	
	8. 不断设定更高的目标，为实现目标竭尽全力，并达成	
	9. 时刻保持对美好组织的追求，不因职位高、收入高、物质满足而放弃奋斗精神	
	10. 有超越利益之上的情怀与追求	
战略思维	1. 了解和熟悉公司的业务，主动进行业务轮岗或兼职业务岗位，提升业务能力	
	2. 从行业未来商业角度思考公司面临的挑战	
	3. 找到组织战略和市场环境的结合点，为组织决策提供参考意见	
	4. 积极参与到制定公司业务经营战略的工作中，提出建设性意见，并获得认可	
	5. 结合公司战略规划，部署人力资源相关工作规划	
	6. 与直线经理共同探讨业务如何承接公司战略，并分析落地过程中可能出现的问题	
	7. 面对企业战略的变化，及时调整人力资源战略规划	
	8. 深入了解组织业务流程，常与直线经理交流，并提供专业咨询帮助	
	9. 确保公司战略和愿景的实现，有计划地持续打造组织能力	
	10. 能平衡好公司愿景与短期利益，安排事务的优先顺序，分清轻重缓急	

（续）

领导能力	行为	得分
变革推动	1. 敏锐觉察外部环境的变化，及时发起公司变革，不拖延等待	
	2. 评估组织变革的风险和影响程度	
	3. 组织变革发起前准备充分，制订明确的变革实施方案	
	4. 充分沟通和宣传，获得组织中大多数成员的支持与拥护	
	5. 以身作则地推动变革，落实到每一个具体细节	
	6. 主动协助其他部门执行相关的变革举措，并按照既定方向实施到位	
	7. 对各个部门、领域内的变革进行协调和跟踪	
	8. 在变革遇到困难和阻力时，引导员工克服变革过程中所遇到的障碍	
	9. 力排众议，破除障碍，敢于淘汰阻碍变革的人员	
	10. 勇于担当，为变革的结果承担责任	
组织智慧	1. 在推动工作过程中，敏锐地找到关键人物，并通过沟通影响获得支持	
	2. 能够识别组织中不同的利益群体，并争取更多的合作	
	3. 对组织文化保持正向的期待，规划组织美好的愿景，并在组织内传达	
	4. 在组织内营造一种积极的氛围，通过宣贯、研讨等方式促成员工达成共识	
	5. 发现他人的善良动机、未来潜力和努力的结果，在不同的利益诉求群体之间找到平衡，化解矛盾与冲突	
	6. 对开发他人潜力有信心，并长期坚持努力	
	7. 通过给予他人积极正向的反馈及实质性的帮助，引导他人共同实现组织目标	
	8. 面临重重阻挠时，仍对工作的开展保持乐观心态并带动他人的积极性	
	9. 管理方式不是非黑即白，存在一定的弹性空间	
	10. 采用多种方法，为持续建设美好组织而努力，为确保组织目标的实现，既能坚持原则，又能做适当地妥协	

说明：每种行为采用 5 分制，最高分为 5 分，最低分为 1 分（卓越，5 分；优秀，4 分；胜任，3 分；待提升，2 分；不胜任，1 分）。单项领导能力最低 10 分，满分 50 分。单项能力达到 40 分即为优秀，30 分即为胜任，低于 15 分说明该项能力为明显的短板。该评估可用于 CHO 自评或他人通过观察进行评估，供读者参考测评。

（CHO 领导能力行为量表线上问卷链接 https://wisevirtue.wjx.cn/jq/46450562.aspx 已开通，也可扫描本书附录 A 中 CHO 五项领导能力行为量表二维码进行问卷填写，收到您的问卷后我们尽快向您提供结果报告。）

选择冰山下，培养冰山上

领导能力非常重要，但并不代表专业能力就完全不需要关注了，CHO

也要成为人力资源方法论专家。CHO要成为人力资源方法论专家，并不意味着CHO要亲力亲为，娴熟地掌握各类人力资源工具的操作技能，CHO必须能够清晰描述人力资源框架系统，清晰知道打造组织能力的关键，能够厘清战略、文化、人才、制度流程之间的逻辑关系，能够了解人力资源的新技术、人力资源信息化与数据化建设，知道组建什么样的人力资源团队，具备基于业务和战略要求，快速提供系统的人力资源解决方案的能力。同时，CHO要能够整合外部的人力资源专业资源，如咨询公司、IT公司等，CHO只有成为人力资源方法论专家，才能提升企业人力资源管理的效率。

在选择CHO的过程中，企业家要专注于对冰山下的领导力的识别，这些素质难以后天培养，必须通过选择去获得，而专业知识、技能、经验等能力属于冰山上的素质，易于培养和习得，可在选择的基础上进行更系统的培养。

卓越的领导者、业务能手、人力资源方法论专家，如果一位CHO集这三种角色于一身，那么他一定是一位卓越的CHO。

关键发现

CHO的领导能力比经验技能更加重要，具备该能力的CHO推动各类变革更容易成功。

CHO需要具备的五项领导能力为先公后私、坚定信念、战略思维、变革推动和组织智慧。

先公后私的CHO能抛开自我的需要，坚持以集体利益为先，全身心地投身到建立卓越公司的宏伟目标中。

具备坚定信念能力的CHO，精力充沛，夙夜在公，会为企业的成功而持续打拼。

具备战略思维能力的CHO，能够将人力资源工作与企业战略之间协同起来,而不是掉入工具论、方法论和标杆论的陷阱中。

具备变革推动能力的CHO,能够确保行动方案被及时定义和执行,并培养企业具备应对变革的能力。

具备组织智慧的CHO,能让组织达成共识,并把组织对变革的畏惧变成对成果的期盼。

CHO在五项领导能力上不能存在明显的短板,至少要有一项能够做到优秀。

CHO的专业性也很重要,CHO要成为人力资源方法论专家。

Precise Selection of CHO

—— 第四章

先内后外寻找 CHO

企业的领导人要从内部培养,而不是空降兵。

——吉姆·柯林斯

寻找 CHO 的漫漫长路

随着业务的快速发展，威岭公司员工人数 5 年间从 300 人扩张到 10 000 人，公司业务面广，需要的人才涉猎广。由于人才发展速度远远跟不上业务发展速度，董事长王庆急切需要优秀的 CHO 解决人才短缺的难题以及因公司扩张引发的一系列员工管理问题，支持公司的战略转型。

董事长王庆首先想到的是猎头公司，通过两个月的面试，他从众多的候选人中挑选了一名从美国留学归来的博士李伟，李伟还具有在外资咨询公司任职的经历。丰富的理论知识，加上外资咨询公司的工作背景，董事长王庆对这个候选人非常满意，当即聘用其为公司的 CHO，并且对他的工作充满期待。

然而，半年过去了，李伟的种种表现距离董事长王庆的期望越来越远：强大的理论背景下只是僵化教条地开展人力资源工作，无法解决一线的实际问题，更重要的是李伟个性偏弱，不敢做决策，更不愿担当。在做薪酬调整时，李伟拟订的几种方案都无法落地，大家怨声载道，工作失去积极性，毫无激情，离职率居高不下。眼看公司在人员管理上的问题日趋严重，董事长王庆不得不请李伟离职。

有了这次的教训，董事长王庆再次选择 CHO 时便着重考虑专业技能强及实战经验丰富的候选人。又经过了一番面试及选择，董事长王庆最终录用了一位在大型制造业的上市公司担任 CHO 的王文涛，他实战经验丰富，有阅历，有担当，懂管理，懂运作。王文涛入职后不久便走访调研、查找问题并优化相应的管理机制，一年之后公司在人才引进、人才激励及人才培养方面都上了新台阶。董事长王庆一直忐忑的心终于安定下来，觉得公司的工作氛围及人文环境逐步好转，一切问题终将迎刃而解。

可是好景不长，一年半之后，董事长王庆感受到王文涛的一些行为不符合公司价值观，同时听到不少员工谈论，正式的或非正式的都有，有反映王文涛拉帮结派、搞小团队的，有反映其将自己不符合录用条件的亲戚录用至公司重要岗位的，更严重的是，有反映其人品不正、谋私利的。恰在此时，公司收到一家猎头公司的举报，反映王文涛与合作的猎头公司私订协议，拿取回扣，这样的行为已经触及公司诚信正直的底线，董事长王庆忍无可忍，不得不请其离开。

问题没有解决，公司发展还得继续。董事长意识到文化匹配的重要性，尤其是人力资源管理一把手这个关键岗位，更应充分体现价值观的示范与引导作用，而非行业经验和专业技能。于是董事长决定从内部选拔，经过重重筛选，选出一名分公司总经理担任CHO。这名总经理是8年前入职的管培生，在公司从基层做起，之后在几个业务部门任职，管理经验丰富，熟悉公司运营，为人正直。担任CHO后，他主动学习专业知识，快速提升专业能力，积极推进组织变革，在上任后的3年内帮助企业成功转型。

相比大多数公司，威岭公司算是幸运的，经过外部搜寻CHO的波折之后，终于将眼光投向了内部，选到了最适合本公司的人力资源管理一把手。

空降CHO的成功率不足5%

据统计，中国企业引进空降高管的失败率超过80%。德锐咨询公司服务过的上百家企业的实证数据显示，外部空降CHO的成功率不足5%。CHO作为组织能力打造的关键推动者，应该是公司企业文化和价值观的代表、CEO依赖的战略伙伴、员工信任的支持者以及凝聚团队力量的变革推动者。然而从客观上来讲，空降CHO虽然带着企业家殷切的希望加入公司，但是在短期内难以很好地胜任这些角色。

（1）一个公司的文化是在长期的发展中形成并沉淀下来的，空降CHO短期内很难成为企业文化和价值观的代表。

（2）要成为CEO信赖的战略伙伴，空降CHO必须在能力和价值观上获得CEO的认可，但空降CHO与CEO缺乏共同面对困难、解决问题的经历，使其在短期内难以取得CEO的充分信任。

（3）空降CHO短期内能够运用的资源往往只是其所掌握的职权，但由于对内部员工缺乏了解，群众基础不稳固，所以难以获得员工支持，也难以成为员工的支持者。

（4）企业往往对空降的CHO有过高的期待，希望其在短期内推动大的变革，解决棘手问题，但空降CHO短期内还未摸清局势，缺乏公信力，贸然行事容易导致变革失败。

企业对CHO的独特要求导致空降CHO进入企业工作超过5年并且达到胜任标准的成功率不到5%，而且这样的成功率很多时候可能还是靠运气。如果企业指望靠运气来经营企业，将会置企业于难以防范的风险之中，而一旦选错一位CHO，所造成的损失往往不可逆转或需要付出很大的代价才能弥补。

空降CHO的四大风险

CHO的工作往往是覆盖全员、延伸到未来的系统性工作，如企业文化的更新、用人政策的调整、人才梯队的建设等，这些工作一旦出现失误，对公司的影响是深远且不可逆转的。业务方面的高管发生职位变动，影响的往往只是短期的经营业绩，但空降 CHO 一旦选择失误，就会给企业造成比业务岗位变化更深远和更持久的负面影响。甚至有些企业可能连续多任空降 CHO 都宣告失败，这样的企业在很长一段时间内都难以打造较强的组织能力，导致发生战略转型艰难、员工士气低落、由政策的不连贯造成的管理混乱等问题，这往往是企业难以承受的风险。空降 CHO 的风险如图 4-1 所示。

图 4-1　空降 CHO 的风险

风险一：破坏文化，内部怨声载道

拉姆·查兰说，"引进外部人才时，很多公司经常犯的错误就是对两个问题考虑得不够：

一是外部人才加入会对组织文化造成哪些冲击。

二是现有团队对外部人才是欢迎还是抗拒。"

企业在选择外部 CHO 时，往往很难对候选人的价值观进行精准的评价和判断。一方面，可能因为 CHO 候选人的面试表现力较强；另一方面，虽然面试、测评或背景调查能够降低价值观不匹配的风险，但空降的 CHO 的价值观是否真正与企业文化相匹配，只有在实际的工作行为中考察才能更加精准地确定。CHO 一旦出现价值观的偏差，就会破坏原有的文化，具体表现在以下三个方面：

（1）**抱着职业经理人的心态，对公司缺乏认同，行为短视**。空降CHO很可能更多地将自己定位为职业经理人，仅仅基于雇佣关系来开展工作，缺少文化融入的内在动机。他们更多的是关注自身利益的得失，往往选择更有利于自身或本部门利益的决策和行动，从长期来看可能影响公司利益。

（2）**任人唯亲，拉小圈子**。这类空降CHO为了巩固自己的地位和利益，确保后续"施政"顺利，往往在上任后急于"拉帮结派"，一方面可能将原公司的下属介绍到公司内部，另一方面可能私下"鼓动勾结、排除异己"，形成利益团体，造成内部动荡，这对公司文化的冲击尤为严重。

（3）**处事不公，袒护下属或让员工感觉到远近亲疏的差异**。CHO的工作大部分涉及"人"的问题，包括员工评价、价值分配以及晋升发展等，而这类空降CHO更多以个人偏好为行动出发点，很可能在机制的设计或执行上有所偏颇和不公，一旦被员工察觉，将会引发员工强烈不满，产生冲突，破坏内部文化和氛围。

一旦CHO本人对企业文化不认可或其自身价值观存在偏差，或盲目发起企业文化变革，就会极具破坏性地冲击企业原有文化，而"文化元气"一旦被伤害，"文化重塑"往往难度更高，周期更长。

脱离实际的文化创新

通富公司是一家在全球行业细分领域市场占有率最高的公司，公司董事长李奇依靠数十年的奋斗打拼，把公司发展成上市公司，业务稳健发展，但受市场增长疲软、行业转型大势的影响，公司考虑向数字化转型。因为公司过去的发展重业务轻管理，人力资源管理薄弱，于是李奇从外部招聘了一名CHO章翔。章翔曾在一家大型公司工作十多年，MBA毕业后离开了这家公司。董事长李奇希望章翔加入公司后能帮助公司提升人力资源管理水平，支持公司的转型升级，章翔也信心满满，希望大展拳脚，彰显自身价值。

章翔入职后，快速进入工作状态，考虑变革要从文化入手，又看到公司的墙壁上连张贴的文化标语都没有，于是提出首先建立具有鲜明特色的企业文化并传播落地。正值董事长李奇出国1个月考察项目，于是章翔用邮件的形式汇报了自己重塑企业文化的计划，李奇也认为有必要将企业过往沉淀下来的文化进一步梳理明确，通过内部的传播宣导激发内部活力，便同意了章翔的计划。

章翔用一个多月的时间设计出企业文化建设方案。在方案中，他认为必须依靠创新和新技术才能赢得市场机会，便将"创新"和"变化"作为本次文化变革的主题，而弱化了该企业过去所重视的一些文化要素。通富公司所属农业行业一直倡导严谨务实，崇尚质量和稳健，以服务好国家的农业事业为企业的使命。但章翔对此缺乏深入的了解和认同，认为要应对市场变化，必须彻底改革。

于是章翔凭着自己的一腔热血就这个方案跟各级人员开会进行了沟通。虽然与高管层、中层管理者以及部分基层代表反反复复地沟通，动静搞得挺大，但是这个方案遭到了很多老员工的反对，难以达成内部认同。章翔无奈，决定还是要通过老板达成这个目标，待李奇回国后跟他详细说明了自己的想法，极力劝说李奇一定要开展文化的优化升级，否则后续无法适应市场激烈的竞争环境。

然而李奇认为，企业文化是公司在发展中长期形成的，首先要传承原有的文化内涵，然后再考虑未来的发展要求，便没有支持章翔的方案，将方案搁置起来。章翔认为自己要推行新的政策太过困难，自己的价值没有体现，便提出离职离开了公司。

文化体系建设雷声大雨点小，章翔离开后，就再也没有人提议企业文化建设的后续工作，这次的文化变革显然是失败了，但是没有人对这个事情负责。员工到最后也不知道公司最新的价值主张到底是什么，觉得公司做事情不够谨慎，也就放松了对自己的要求，员工对公司的信任感和管理参与感都有所降低。

章翔基于自己的理解，脱离实际推行文化创新，不能理解和认同公司原有文化，推进变革失败后也是以个人得失为判断标准，毅然出走。这样基于雇佣关系来做工作，缺乏对公司的基本认同和担当，必然导致其难以融入和创造价值。

风险二：僵化复制方法，变革纹丝不动

哈佛商学院的变革大师约翰·科特教授及麦肯锡的调研发现，70%的变革都是失败的，而由空降的CHO来推动变革，失败率更高。企业基于对解决当前管理问题的紧迫性而选择空降CHO，空降CHO则基于各自原有的经验和做法来实施变革，一方面会僵化地对原公司的制度、流程照搬照抄，另一方面还没摸清局势就盲目变革。两种做法都无益于真正的变革提升，而空降CHO往往将变革的失败归咎于公司内部的执行力差，很少反思自身的变革推动能力，其思想和行为体现为如下特点。

（1）**迷恋自身光环，言必称原公司有哪些制度，有多么规范，将管理的提升简单地解读为管理制度、流程的优化与完善**。这类空降CHO往往在字里行间都会表达一些对现有制度的"鄙夷"与"不满"，并不断强调过往公司制度和流程的规范性。由于缺乏对企业战略、组织、人才管

理、企业文化，以及现有管理问题深入、系统性的分析和判断，简单地将管理问题归因于制度和流程存在缺陷，把行动的重点聚焦在如何套用原有经验，拟定、编写各类更加"规范化"的制度和流程之类的"表面"工作。

（2）为了凸显自己的能力和专业性，盲目变革，缺乏对变革的关键点和相应举措的深入分析和理解，规避与各层次员工的充分沟通与交流。这类空降CHO急于彰显个人能力，树立威望，一上来就大刀阔斧地实施变革，彻底推翻原有制度，或是调整组织架构，或是重新建立各项人才管理机制，甚至进行大规模的裁员，且缺乏与各级人员的充分沟通与交流。也许有些内容的确是变革的症结所在，但是如果缺乏深入的调研、分析与论证，盲目的变革只会带来强烈的内部动荡，甚至自己都有可能沦为变革的牺牲品。

CHO要成为变革推动者，就需要理解撬动变革的真正着力点，设身处地地考虑员工的感受，通过真诚的沟通与行动凝聚团队力量，打消疑虑，组织大家推动变革。尤其是当企业真正处于不得不实施组织变革的十字路口时，如果CHO无法提供前进的动力，就只会"隔靴搔痒"，极易导致企业错失变革机会，从而面临更大的风险，或在未来付出更加昂贵的变革成本。

风险三：能力不足，团队人才流失

企业对空降CHO的评估往往难度更大，当企业家对CHO的关键能力判断失误或用错胜任标准，只重视CHO出身的"大厂品牌"，而忽略了对核心能力和素质的判断时，一旦招来一个实际能力并没有履历那么"精彩"的CHO，不仅无益于组织的变革推动，更重要的是影响团队内部士气，造成原有优秀人才的流失，具体表现如下。

（1）**让团队承担了大量事务性工作，无法聚焦于核心价值**。缺乏战略高度和系统性思维的 CHO，往往将工作的重点落在点状的、短期的、基础的事务性工作上，缺乏变革、创新和系统性打造管理机制的意识和能力，认为按部就班地把这些基础性工作圆满完成，就是良好的业绩表现，而团队也就陷入这些事务性工作的无限循环中。缺乏挑战性的工作难以锻炼员工的能力，尤其是对于高潜人才，个人成长一旦达不到预期，最后只能"用脚投票"，遗憾出走。

（2）**推动力不足，导致团队吃力不讨好**。CHO 的工作立足于整个公司内部的组织和人才管理，涉及各项管理制度的推动执行。执行的结果更多地倚赖 CHO 的组织推动能力，即 CHO 能否引领其他业务部门认可并执行相关的制度。推动能力差，意味着无法获得其他部门的认可和尊重，也许团队付出了很大的努力，为业务部门量身定制了相关的激励或考核机制，但无奈领导"不给力"，沟通影响力较弱，方案被推翻了一次又一次。最后业务部门认为 HR 部门不专业，HR 部门认为业务部门"难伺候"，内部关系紧张，给各项机制的推动又平添了障碍。

（3）**领导力不足，无法凝聚团队**。CHO 首先是领导岗位，其次才是专业岗位。CHO 的核心角色是企业打造组织能力的推动者，个人能力当然尤为重要，但是团队力量也不可忽视。缺乏领导力的 CHO，无法真正唤醒团队对同一目标的准确理解，也无法带领团队朝着同一目标快速前进。尤其是空降的 CHO，他们可能会忽视团队成员的诉求，缺乏明确的反馈、辅导和建议，难以激发员工的热情，团队整体显示出松散怠惰的状态，试问这样的团队如何帮助企业打造组织能力。

企业的 HR 应当是员工信任的支持者，这必然要求 CHO 具备强大的同理心，善于倾听、感受并将员工诉求转化为管理的优化点，同时向员工输出管理优化的必要性和具体做法，获得员工的认同。这个过程就是组织推动的过程，"推动"不是一味地向外输出能量，而是要先"吸收"能量，

"转化"能量，这个过程需要 CHO 具有强大的领导力、战略思维、组织智慧等，一旦缺少这些能力，连 HR 这个"小团队"都整合不了力量，就更不要说企业这个"大团队"了。

风险四：高额年薪，投入产出不成比例

前文提到，CHO 的年薪最高已过百万，CHO 选择跳槽一般又会要求薪酬的溢价。企业狠心付出高薪，势必对空降 CHO 抱有很高的期望，希望 CHO 能解决企业的疑难杂症，但是这些重大的历史遗留问题并不能在短期内得以有效解决，人力资源的工作也难以在短期内给公司带来巨大的改变。这样的结果会造成企业对 CHO 的高期望与 CHO 短期内不能创造对等价值之间的矛盾，很可能导致企业对 CHO 不认可，CHO 对企业产生抵触，最后一拍两散。企业付出的高额年薪并没能创造应有价值，投入与产出完全不成正比。

当然，空降 CHO 也有有利的一面，即能够带来新鲜的管理理念和管理方式、不同的工作风格，使团队多样化，但前提是空降能够成功。

为什么总想去外部找 CHO

企业对 CHO 的独特要求是需要 CHO 和企业在共同的成长中才更有可能沉淀、形成的，空降的 CHO 在短期内很难达到这些要求，一旦空降失败就会给公司带来不可磨灭的损失。然而即使是这样，在一提到要招聘 CHO 时，更多的企业家还是选择外部渠道。

德锐咨询公司 2018 年对中国企业家关于 CHO 的调研结果显示，72%的企业家在寻找 CHO 时，倾向于从外部招聘（见图 4-2）。

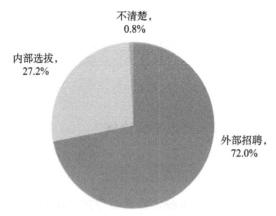

图 4-2　企业对 CHO 选拔渠道的选择

企业家想去外面找 CHO 的根源是把 CHO 岗位首先看成了专业岗位，而不是领导岗位。内部的领导人才往往是不缺乏的，这些领导人才也许正在负责销售、生产、研发、财务、供应链等岗位的工作，而企业缺乏的是人力资源专业性人才，所以企业家容易把眼光看向外部，尤其是渴望寻找那些具有外资企业、大型企业、专业咨询公司背景的专业人士。基于这样的认知，企业家对外部招聘 CHO 的认识上往往存在三大误区。

误区一：外部的 CHO 总量多

相对企业内部外部的 CHO 总量多，这一点毋庸置疑。企业家的认知误区在于，他们总是认为这些 CHO 都是胜任的、优秀的，但事实并非如此，可以从下述三个 10% 的现象窥探一二。

第一个 10%：人力资源管理水平高的企业只占总体企业数量的 10%。中国企业的人力资源管理水平相比欧美国家的仍有巨大差距，大部分企业的人力资源管理水平还不高，人力资源管理方面称得上标杆企业的大都是各个行业或地区的领头企业，这部分企业在中国的企业总数中只占不到 10% 的比例，而大部分人力资源体系落后的企业很难培养出优秀的 CHO。

第二个 10%：想要的是赛车的设计和制造者，请来的却是赛车手。 即使是人力资源管理标杆企业的 HR 管理者，也只有 10% 能胜任 CHO。这源于两个方面：

一方面，优秀企业出来的 CHO 未必都是优秀的 CHO，优秀的企业也可能存在不合适的人。优秀的企业一般具有更加严格的选拔和评价机制，对于不合适的人会及时淘汰。而这些定期被动流出的人员很有可能被其他企业作为具有"大厂光环"的"人才"而招揽和吸纳。

另一方面，人力资源管理标杆企业，更多的是依靠少数优秀的 CHO 或借助外部咨询公司来设计和搭建系统化的人力资源管理体系、制度、流程。在这样一个强大的平台下，其他大部分 HR 人员都是操作者和执行者，就如同赛车手能够很好地驾驶赛车，但是他们并不具有设计和制造赛车的能力。当企业引进 CHO 时，都希望他们能够突破现有瓶颈，打破原有不合理的体系，把握人力资源管理方法背后的规律，构建新的人力资源管理体系。因此，企业想要的是一个赛车的设计者和制造者，而不是一个赛车手。目前很多公司招聘 CHO，对猎头公司的要求一定是某知名公司人力资源高管出身的，但这些人往往只是原有企业的人力资源体系的操作者，而不是打破旧体系、建立新体系的设计者和推动者。真正是领导者、业务能手和人力资源方法论专家的 CHO，能帮助企业设计和打造领先的人力资源体系的 CHO，也只有不到 10% 而已。

第三个 10%：外部人才市场上流动的 CHO 不到 10%，因为真正优秀的 CHO 不会轻易跳槽。 谷歌研究发现，外部人才市场流动的人才中，**只有 10% 是企业想要的**。真正优秀的 CHO 都被所在的企业以各种优厚的物质待遇或精神激励而稳固地保留着，不会轻易跳槽，只有少部分的优秀 CHO 因为家庭、工作地点和原有公司业务调整等客观情况可能会选择跳槽。

每个企业都需要一个优秀的 CHO，而外部优秀企业中的优秀 CHO

可能跳槽的仅不到1%而已，相对于企业巨大的用人需求，外部优秀的CHO总量是很少的。

所以，"外部的CHO数量多"，只是一个看起来合理的假象。

误区二：外部的CHO更好用

"外来的和尚好念经"，这种传统观念也会影响企业家选择CHO的倾向。"外来的和尚好念经"隐含了两层意思：一是外来的和尚可以更加公正客观地推行变革；二是外来的和尚能带来新鲜的理念、工具和方法。

CHO是否公正不在于是否来源于外部，而在于其自身是不是一个公正的人。也许空降CHO的确能够在相对超脱的层面上看到问题所在，但多数企业面临的问题并不是不知道问题在哪里，而是无法找到解决问题的真正切入点并推动变革。企业往往希望外部的CHO能够不受内部的利益群体牵制，不受原来陋习的影响，能够公正客观地开展各项变革措施，但外部CHO从加入公司那一刻起，就已经成为内部利益相关者，无法完全以中立的态度推动变革，即便本人能够做到公平、公正，内部员工也不会将其视作利益完全不相关的外部人员，在这一点上，空降CHO远不如外部的CHO的身份来得便利。CHO是否公正不在于是否来源于外部，而在于其自身是否具有"先公后私"的特质。

推动变革成功的关键是行动而不是只有理念。现今社会是信息爆炸的时代，信息传播更迅速、开放和透明，企业需要的新理念、方法和工具都可以借助网络、咨询公司、调查等获得。企业并不缺新的理念和做法，关键是如何让这些领先的理念、做法在企业得到落地和应用。外部CHO可能会带来新鲜的做法，但不一定能植入企业中生根发芽。真正的变革不在于新鲜的理念，而在于对公司的使命感，是否具有先公后私、坚定信念、战略思维、变革推动和组织智慧等领导力特质，并充分发挥作用，推动变革。因此外来的 CHO 有可能只能带来"经",而不一定能够让企业念好"经"。

误区三：内部培养太慢

我们经常会听到企业家这样解释为什么不优先在内部培养 CHO：

"内部培养至少两三年时间，这两三年怎么办，业务等不了"。

"内部找不到合适的人培养啊"。

"培养不出来，耽误时间"。

"外招的，来了就能用，别人培养好了，现成的"。

……

德锐咨询公司 2018 年对中国企业家关于 CHO 的调研结果显示，内部培养一名成熟的 CHO 需要的时间大多为 1～2 年（见图 4-3），外招一名合适的 CHO 一般需要 6～12 个月（见图 4-4），但是入职后需要 3～6 个月甚至更长时间的磨合，两者相较，所花费的时间其实不相上下。当然，这是在空降 CHO 选对人的情况下，如果综合考虑外部空降 CHO 成功率较低的情况，平均下来外招一名合适的 CHO 的周期可能更长。

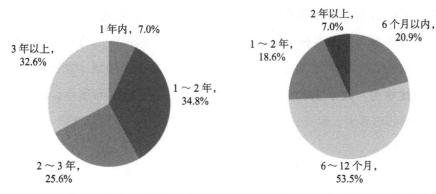

图 4-3　内部培养 CHO 需要的时间　　图 4-4　外招一名合适的 CHO 需要的时间

过去 30 年，中国企业整体"急功近利"，谋求快速发展，在人才的获取上倾向于拿来主义。从线性思维来看，内部培养也许是慢的，但是从综合角度来看，内部培养是最经济、最稳健的人才获取方式。尤其是对于 CHO 这样重要的岗位更是不能操之过急，过急的空降给企业带来的风险和危害更大。所以，综合来看，"内部培养的速度慢"只是企业家的一种错觉或是回避培养人才的借口。

内部选拔更容易成功

中国某全球化大型集团公司人力资源负责人的数据统计表明：

（1）3 个产业集团的现任 CHO 全部是内部晋升的。

（2）下属企业现任 HRD 共 16 人，只有 3 人是外部招聘的。

（3）企业历任 CHO/HRD 共 56 人，8 人是外部招聘的，其余 48 人均是内部培养的（其中有 23 人为从业务线或财务等其他职能转岗而来，25 人为 HR 职能培养晋升或轮岗）。

成功的 CHO 大多来自内部的选拔和培养。

管理大师吉姆·柯林斯在《基业长青》中写道："高瞻远瞩的公司从内部人才中培养、提升和慎重选择管理人才的程度，远远超过对照公司，他们把这件事当成保存核心要素的关键步骤。"高瞻远瞩的公司为了保持优秀领袖的"一贯性"，拥有更好的管理发展和继承人规划，吉姆·柯林斯把这比喻为"领袖连续性循环"。而 CHO 的关键地位和属性，决定了在其选拔和培养上，也要注意"一贯性"和"连续性"，内部选拔 CHO 具有如下优势。

优势一：业绩突出，大家信服

从销售总监到 CHO

易讯电子是一家电子科技公司，正处于快速发展阶段，总经理钱飞宇非常重视人力资源管理工作，但是一直苦于寻找不到一位合适的人力资源负责人，其人力资源总监的岗位几乎每一两年就要换一个人。最近的一位人力资源总监赵军也是外部招聘的，具有多个模块的经理级的工作经验，业务素质较强。但是在入职一年后，赵军并没有真正展现出人力资源总监的领导力和管理魄力，凡事更倾向于按照总经理的决策行事，更多的时候偏向于执行工作，对业务始终处于基本了解的层面，缺乏系统、深入的思考和独立的判断，这与钱总的预期相去甚远。

后来，钱总把目光转向内部，进一步明确该岗位的定位并开始在内部盘点、搜罗可用之才，锚定了公司内部连年销售业绩第一的业务板块的销售总监徐皓。徐皓在公司创立时就加入公司，从销售员做到某个业务板块的销售总监，在公司规模还很小的早期，也曾经做过公司人力资源管理方面的工作，具有一定的基础。锚定这位人选的最主要原因在于他的管理魄力和推动能力，且他具有较强的群众基础，曾组织推动建立研发、生产、销售的联动机制，以及销售人员激励机制，大幅提高了客户响应速度和销售人员的工作积极性，最重要的是，他是公司先公后私的楷模，对组织高度认同，在公司内部口碑和认可度一直很高。

既然认识到这个岗位的重要性，就要真正投入与取舍，钱总投入了大量时间与徐皓沟通，表达了对他的认可、重视和殷切希望。徐皓的思维相对敏捷，能够理解从长远考虑 CHO 岗位的作用和价值，从公司发展的角度出发，最后同意就职。徐皓后续也有针对性地学习和准备很多，在短期内兼任的情况下，一方面选择销售总监继任者并重点培养，另一方面重新组建人力资源内部团队，系统考虑人力资源体系的搭建，并重视与总经理的沟通配合。公司内部其他管理者在得知徐皓将要接任人力资源总监一职时，一开始有些惋惜，但是仔细想来又觉得在情理之中。

接下来的两年，为了让徐皓弥补专业上的不足，公司从专业的人力资源管理咨询公司引进人才。在徐皓自身的努力和咨询公司的协助下，公司的人力资源体系快速搭建起来，在人才的选择、激励和培养的效果方面都有了大幅度提升。

公司在内部选拔CHO，首先要从业绩表现好、有发展潜力、有影响力的管理者群体中挑选，这是因为：一方面，他们在业务上有成功的经验，取得过优异的成绩，并在团队管理方面凸显出较强的领导能力，这使得他们具有较强的群众基础和个人威信；另一方面，他们对公司的忠诚度高，一路伴随着公司的发展而不断成长，是大家有目共睹的优秀人才。当选拔这类候选人成为CHO时，不仅不会遭到来自周围同事的质疑与不配合，反而会获得大家的认同、支持与追随，更加有利于后续工作的开展。

相反，外部招聘的CHO初来乍到，业绩贡献暂未显现，大家对其能力和可能创造的价值心存疑虑，往往持观望态度，短期内无法获得员工信服。

优势二：认同文化，大家信任

公司的价值观及文化就是这家公司的DNA，内部选拔的候选人一般来说都已在公司任职多年，从内到外都传承了公司的DNA，无论是部门负责人还是下属公司负责人，不仅其自身价值观和公司价值观高度融合，敬业度也高于一般员工，愿意留在公司与公司一同发展的意愿也非常强烈。人与人之间的信任是建立在共同的理念、价值观和长期的共同经历基础之上，内部选拔的 CHO 在文化认同上具有天然的优势。

优势三：熟悉业务，风险较低

内部选拔的 CHO 更了解公司内部情况，在解决问题的过程中，更能有的放矢，既能提高效率，又能降低风险。

了解团队：内部选拔的 CHO 对于内部员工的工作态度、素质能力以及发展潜能等方面有比较准确的认识和把握，在人才发展或管理机制上能够贴合现状进行设计，从而降低新搭建的人力资源管理体系"水土不服"的风险。

了解业务：内部选拔的 CHO 对于公司的战略、业务、客户需求、运营流程等方面都非常熟悉，能够精准把控业务需求，在对人力资源体系搭建的方向把握上，以及变革推动的沟通影响方面具有先天的效率优势。

因此，内部选拔的 CHO，相比较外部招聘的候选人效率更高，风险更低，稳定性更强。

优势四：相互了解，选拔精准

麦克利兰研究发现，人的素质分为冰山上的素质和冰山下的素质。冰山上的素质如知识和技能往往解决"会不会做"的问题，而冰山下的素质往往决定"做得好不好"，且更致力于长期的成功。但是冰山下的素质更具隐蔽性，在判断上存在更大的难度。在招聘外部 CHO 时，即使通过了层层关卡，但由于缺乏时间和空间上的沉淀，判断的准确率也是会有折扣的。如果是内部选拔的候选人，在公司任职时间较长，他的行为风格、价值导向、业务能力以及与人打交道的方式等都为其他人所熟悉了解，在考量其冰山下的素质时，也更加容易和精准，所以内部选拔 CHO，更容易选择到合适的人才。

内部找到 CHO 的三大方式

从 TOP5 的高管中选拔

CHO 的角色如此重要，首先应当在企业 TOP5 的高管中进行选拔。然而即便认识到 CHO 岗位的重要性，因为认知习惯及配套措施的缺失，企业家在让业务高管向 CHO 转型的决策落地上，也面临重重障碍：

- 企业家认为没有人力资源管理经验的高管无法胜任 CHO。
- 企业家对 CHO 的重视不够。调查显示，62.7% 的企业家有意愿（见图 4-5）将内部业务高管转岗为 CHO，但实际这种意愿只是口头上的，真正落实的时候，企业家往往过于纠结，不舍得。
- 企业长期对人力资源工作不重视，将人力资源工作视为"二线岗位"，让具备 CHO 能力的高管误认为承担人力资源工作是"退居二线"。
- 企业缺乏系统有效的培养方法，不知道该如何帮助高管顺利转型，高管自身也会因专业欠缺而对转型缺乏信心。

为了从内部高管中选拔优秀的 CHO，企业应遵循以下做法：

1. 高度重视人力资源的价值

杰克·韦尔奇认为 CHO 应该是企业的二把手，CHO 是企业的战略业务伙伴，承担着帮助企业选好人、育好人、用好人、留住人以及打造组织能力的重要职责，也是实现文化传承，确保员工在思想和行动上高度统一的关键角色。CHO 就是企业的政委，应该是企业二把手，而作为企业二把手的候选人，从 TOP5 的高管中选拔较为合适。

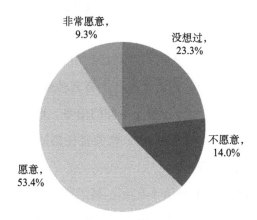

图 4-5　企业家将业务高管转为 CHO 的意愿比例

企业要把人力资源部门视为真正的利润源头，人力资源部门只要为企业招来合适的人，培养了优秀的人，淘汰了不合适的人，就是最关键的利润源头。如果人力资源部不能帮助生产、研发、销售等业务部门在人才管理方面持续赋能，业务也无法创造出更大的价值。如果不能打造组织能力，业务将不可持续。因此，人力资源部门是战略性部门，必须选择优秀的高管来负责。

2. 要舍得让优秀的业务高管转型为 CHO

调查发现，当 CHO 空缺时，企业家愿意将业务高管转为 CHO 的占比为 62.7%，三分之一的企业家舍不得让优秀业务高管转做人力资源。企业中最优秀的 5 名高管大多会是诸如技术研发、生产、销售，或者供应链管理等业务部门的核心领导，让这些高管去从事 CHO 的工作，很多企业家倾向于认为是一种浪费，尤其是业务成长快速、发展势头迅猛的企业，甚至认为这样的决定会让企业减速或发展停滞。

这恰恰是一种短视的视角，正是由于企业对人力资源管理、组织能力的塑造缺乏重视和投入，当企业发展到一定阶段时，必将面临一系列管理问题，效率降低，人才流失，增长降速，这些问题带来的风险是更长久且更严重的。

阿里巴巴从18人的团队用10年时间成长为在中国乃至世界都具有影响力的互联网头部企业，在人才选择上有其独到之处。从阿里巴巴多任CHO的背景来看，他们大部分是业务部门出身，而且都是公司TOP前列的高管——彭蕾曾任蚂蚁金服CEO，蒋芳曾任集团多个重要岗位的领导，童文红曾任菜鸟网络董事长。

对于阿里巴巴这样年产值千亿元、员工数万人的公司，业务的发展往往显得尤为重要。但阿里巴巴最大的HR——马云，能够意识到一名优秀的CHO对业务发展的重要价值。对企业的发展起关键作用的正是那些软性领导力，软性领导力对于CHO在企业管理中的地位要求更高，只有TOP5的高管来做CHO才能够真正推动变革、支撑战略并帮助公司持续打造组织能力。

企业家应当认清局势，提前布局，尤其当现有的组织能力建设和人力资源管理问题的重要性、紧迫性都已经超过生产、研发、销售等业务开展存在的问题时，更应该选择一个强有力的CHO，帮助企业业务实现更高的飞跃。

3. 为高管向CHO的转型提供足够的支持

第一，提供专业培训。企业家可以借助外部资源为转型高管提供系统学习CHO相关课程的机会，包括领导力、战略人力资源管理等内容，让转型CHO通过学习提升专业能力。

第二，配备更加专业的HR管理人员。企业通过吸引更强的招聘、培养、激励等各模块高水平的专职人员，打造专业知识和技能扎实的 HR 团队，弥补转型 CHO 自身可能存在的专业短板，使其聚焦于更高层面的战略型人力资源管理的思路和决策。

第三，借助第三方咨询机构，帮助高管平稳过渡。世界 500 强企业大多使用过管理咨询公司，专业的管理咨询公司具有系统的理念、方法论和大量的成功实践经验，虽然从短期来看，咨询费用高昂，但通过其提供更为精准的理念、方法、解决方案以及后续的辅导，能够降低内部的试错成本，在时间和质量上帮助 CHO 确保变革的效果；从长期来看，会产生更大的价值。

华为成功的背后：咨询公司的智囊团

在华为近 30 年的成长历程中，有一个角色不容忽视，也是华为成长中一个十分重要的见证方——外部的"管理咨询"智囊团。华为创始人任正非在接受媒体采访时，曾表达了对美国公司的感谢，尤其是 IBM、埃森哲等。那么，华为成功背后有哪些咨询公司？

从 1996 年开始，华为历年来累计支付给各类咨询公司的咨询费高达几十亿美元，这些咨询公司帮助华为构建了研发、供应链、财务、人力资源、市场等方面的制度、流程体系。

1998 年，成立仅 10 年的华为引入 IBM 参与华为 IPD 和 ISC 项目的建立，5 年期间共计花费 4 亿美元升级了管理流程。其手笔之大、决心之强，当时在业内实属罕见。除了 IBM，华为还曾聘请过埃森哲、波士顿、普华永道、美世、合益、日立咨询、日本丰田董事等咨询公司或专家。

任正非曾对记者说："日本丰田公司的董事退休后带着一个高级团队在我们公司工作了 10 年，德国的工程研究院团队在我们公司也待了十几年,才使我们的生产过程走向了科学化、正常化。……从几万块钱的生产开始,到现在几百亿美元、上千亿美元的生产,华为才越做越好。我们每年花许多亿美元的顾问费。"

资料来源:"华为成功背后的17家咨询公司",一点资讯,2019-05-24,有删减。

从《华为基本法》开始,任正非对企业外脑的利用,在中国企业里是罕见的。华为不是发展大了才去请咨询公司,而是在快速发展期就有勇气拿出利润中很大的一部分引进外部咨询公司,并且以削足适履的勇气与空杯心态来学习和改变自我,这也是华为请咨询公司献策并成功落地的关键。

华为的历任CHO都来自销售、研发等业务的高管,几乎全是内部培养,他们在与外部专业机构的合作中获得了正确的人力资源管理理念,提升了人力资源的专业能力,并培养了大批优秀的人力资源管理者。

培养具有业务思维的 HR 管理者

懂业务的世界 500 强 CHO

连续多年稳坐《财富》世界500强第一的零售业巨头——沃尔玛公司,2018年销售额超过5000亿美元,是排名第二的1.5倍。沃尔玛自1996年进入中国,20多年来稳步发展,无论是在传统零售辉煌时期的90年代还是在电商四面夹击的新零售时代,沃尔玛虽有摇摆起伏却自始至终彰显其独特的魅力。

沃尔玛的核心竞争力除了庞大的物流系统,还有其内部人才梯队建设和培养体系,沃尔玛曾被冠以零售业的"黄埔军校"

之称。零售业是劳动密集型行业，尤其是近10年外界环境千变万化，内部劳动用工风险频发，企业面临人才选择与淘汰、员工关系维护与管理等各类复杂问题。但无论身处什么阶段，沃尔玛都应对自如，内部推动的每一次变革都能成功落地，每个周期的业务战略目标基本都能按计划实施并完成。这其中最主要的原因就是其拥有一支专业、高效并贴合业务的HR团队，而领导这个团队的掌门人几乎都是由内部培养成长起来的。

沃尔玛中国培养的本土第一任HR高级副总裁王培女士，1996年刚加入沃尔玛时的职位是全国人力资源经理，负责人力资源的全模块管理工作。在不到10年的时间里，随着沃尔玛在中国的快速发展，王培成长为世界500强第一公司的CHO。在提及作为企业CEO的业务伙伴，CHO个人所应具备的成功要素时，她表示，除了卓越的战略思维、独特的影响力、帮助他人成功的胸怀之外，最关键的是CHO要具备经营意识。

CHO的经营意识或业务思维具体表现为时刻思考如何真正成为企业的业务伙伴，真正站在战略合作伙伴的角度，理解经营的逻辑并关注企业的经营状况，能够与企业家或其他业务高管就经营情况进行对话，包括行业发展趋势和竞争格局，战略选择的方向，企业现有经营模式是否匹配战略，营业收入如何实现快速增长，研发、生产、销售、供应链等各个环节如何产生财务贡献，各项成本如何实现高效配置和合理控制，如何吸引更多的外部资源等，并在此基础上，思考人力资源管理和组织能力打造的适配性。

德锐咨询公司对CHO进行的调查显示，有合计51.1%（见图4-6）的企业家认为，自己公司的CHO对本公司业务一般熟悉或不熟悉，这意味着近一半的CHO可能会因不熟悉业务而做出不切合实际的人力资源举措。

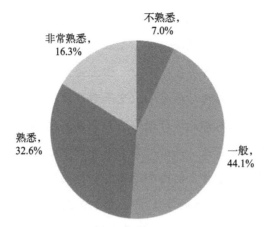

图 4-6　企业家对内部 CHO 熟悉业务程度的评价

选拔专业出身的 HR 管理者作为 CHO 有自身的优势。中国某全球化集团公司内部培养的 48 位历任 CHO/HRD 人员中，有 25 人为 HR 人员培养晋升或轮岗。怡安翰威特对全球领先企业的 45 位 CHO 的调研显示，内部成长的 CHO 中有 39% 是人力资源专业出身。专业出身的 HR，其优势就是经过了系统的人力资源管理培训，具备人力资源管理知识和技能，专业素养高。

选拔人力资源专业出身的 HR 管理者作为 CHO 也有不足，主要是对经营和业务的理解不深刻，缺乏全局意识，看待问题更多的是从人力资源管理本身的专业性，而不是从支撑业务的角度出发的。领英《人才智能时代的 HR 领导者》调查发现，中国 HR 从业者中能够成为一名胜任 CHO 的比例只有 0.39%，而光辉国际的一项调查也发现，如何提升人力资源的业务能力是最大的挑战，有 41% 的 CHO 表示很难找到精通业务的 HR 人才。所以，在选择专业 HR 高潜人才作为 CHO 候选人时，最关键的是要选拔具有业务思维的 HR 管理者，同时，有意识地培养候选人的业务思维和业务能力。

方法一：各业务岗位轮岗

怡安翰威特对全球领先企业的 45 位首席人才官调研显示：

- 24% 的研究对象曾在 HR 领域外的条线进行过轮岗或项目实践，具有商业头脑并对业务具有深刻的理解。
- 67% 的研究对象曾在国外工作并生活过，甚至领导过全球化团队/项目。
- 65% 的研究对象表示"业务知识"是关键竞争力，也是他们认为最缺乏的部分。

作为 CHO，只有对业务熟悉，才能更好地开展管理人的工作，而熟悉业务的最佳方式就是轮岗。轮岗不仅可以帮助 CHO 了解业务，也可以让他更明晰各部门的人力资源现状，包括组织架构是否敏捷、部门间沟通是否顺畅、人员编制是否合理、人才培养是否得到重视等。轮岗还可以强化 CHO 的沟通能力，扩展人脉关系，扩大视野范围，培养战略眼光，从而为做好 CHO 打牢基础。

方法二：CEO 担任内部导师

CEO 的首要任务是要认识到，CHO 理解经营和业务对企业发展的重要性，并投入精力担任 CHO 的内部导师，帮助 CHO 更快地适应角色。CEO 在承担起导师责任时，应当做到以下几个方面。

（1）**设定共同工作目标并达成共识**。CEO 要和 CHO 一起探讨企业未来的战略规划和业务发展目标，分析组织现状，确定战略目标和组织能力发展目标，澄清当前需要解决的问题及重要紧急顺序，并达成共识。

CHO 与 CEO 的"时空错位"

在一次企业家私董会中，一位 CEO 陈强抱怨道："我公司的

CHO 总是无法满足我的战略需求，尤其是人才的供应，每次我要开展新业务急需大量人才的时候，现在的 CHO 赵磊总是爱莫能助。"

现场的私董会教练问道："你从提出战略构想到确定战略，再到提出人才需求大概是多长时间？"

陈强说道："这次的新业务转型，大概在半年前我就开始考虑了，这期间也做了很多的市场论证，内部的几个高管展开了小范围的沟通。新业务的转型需求很迫切，我希望赵磊能在一个月内招聘到 200 人，但是现在看来根本就做不到。"

私董会教练又问："你是什么时候向你的 CHO 提出用人需求的？"

陈强说道："大概是上个月。"

私董会教练又问："在这个期间，你有让赵磊参与战略研讨吗？有提前提出未来的需求吗？有请赵磊提前制订人才招聘计划吗？"

陈强回答："都没有。"

由此可以看出，作为 CEO，他们对 CHO 的认知多停留在"只要提出需求，CHO 就应该不折不扣地快速实现"的执行层面。

当该私董会教练遇到该企业的 CHO 赵磊并谈及这件事情的时候，赵磊抱怨道，这个战略构想之前只是听到陈强提及过，面对新领域的人才，要求赵磊一个月招聘到 200 个人是可以的，但要招聘到 200 个相关细分行业的优秀人才，却是不易做到的。同时赵磊坦诚地说道，如果提前知道战略布局和相应的举措，就可以提前做计划，调动资源，然后在确定战略后可以快速招聘足够的人才，但结果恰恰是他事先不知道这件事情。这样的案例在很多公司都曾发生过，如果 CEO 和 CHO 无法在战略方面共频共振，就无法就目标达成共识，更无法实现目标。

（2）**为 CHO 提供更多了解业务的机会**。例如，让 CHO 参与公司的战略研讨，参与业务转型决策，参与企业重组、并购等重大经营决策等，提高 CHO 的业务接触面，强化 CHO 对业务的理解和认识。

（3）**持续的月度反馈与辅导**。内部选拔的 HR 的原有习惯可能更倾向于做"点状或块状"的工作，而 CHO 的工作应更多聚焦于业务、组织和人，更需要系统、整体和长远的思维。所以 CEO 要注意观察 CHO 的实际工作情况，并在其工作重心、工作方式、思维方式等方面进行持续的反馈和辅导。反馈的要点与步骤如下：

第一步，肯定优点、认可成绩。

每个人都渴望获得上级认可。上级的信任、欣赏和鼓励是让员工忘我投入工作的关键。很多 CEO 往往忽视对员工表达认可和赞扬，轻描淡写地用"做得不错"表达鼓励，让员工很难感受到被激励。CEO 在反馈的时候可以运用"3A 流程"正面激励法，肯定 CHO 做得好的地方，认可成绩，鼓励其发挥优势。

"3A 流程"正面激励法：

Action——描述行动。

Actor——提炼动机。

Appreciation——表达认可和感谢。

示例："你上个月提出的用讲故事的方式传播企业文化的方案很棒，提升了团队的凝聚力。你给大家带来了正能量，非常感谢你在企业文化方面做出的示范作用，感谢你的付出。"

第二步，指出不足、真诚帮助。

面对 CHO 工作重心的偏差或工作不足，CEO 不应轻易地回避，要真诚地反馈，指出 CHO 需要改进的地方。可以应用"AID（帮助）"方法帮助 CHO 改进工作。

"AID（帮助）"方法：

Action——描述行动。

Impact——告知影响。

Demand——提出要求。

示例:"目前公司招聘量越来越大,新人很多,企业文化做得还不够全面和深入,不同的人有不同的理解,这样继续下去,以前的企业文化会被稀释,也会影响团队凝聚力,企业文化工作是你明年最重要的工作。"

第三步,提出目标、达成共识。

CEO 明确 CHO 的工作目标,双方就目标的理解达成共识。

示例:"明年要形成公司系统的企业文化体系,明确核心价值观,澄清公司倡导行为和反对行为,全员达成一致,推动企业文化的统一。"

第四步,给予支持、落实行动。

CEO 提出正面的期待,征询 CHO 的行动建议,并给予支持。

示例:"形成统一的企业文化后,可以一起把企业文化的要求用于人才的招聘、评估、选拔、培训中,你有哪些好的想法?需要我提供什么支持?我期待你提出一个系统的方案。"

反馈还需要倾听 CHO 的想法,调动 CHO 的积极性,给予鼓励和支持,通过持续的反馈和辅导,帮助 CHO 提升能力。

杰克·韦尔奇对 CHO 比尔·康纳狄的反馈

杰克·韦尔奇经常就 CHO 比尔·康纳狄的工作报告给予真诚的反馈,认可成绩,提出要求,达成共识。以下是杰克·韦尔奇回复比尔·康纳狄的信件中的部分内容。

亲爱的比尔:

恭喜你有了一个好的开始。你提出的奖金方案反映了你一贯的风格,而这还仅仅是个开头,你"以人为本"的工作方法正是我们所需要的。

比尔，我发现的问题很简单，那就是"人才升级"——但不仅仅只是对你的直接部下。你做得很好，只是局限在了小范围内，我们还有许许多多的二流"战马"在等待磨炼。不然糟糕的是，他们会用老旧的想法毁了我们。

明年，你最重要的任务是提升全体 HR 的能力。我很希望看到他们这群人得到成长，虽然他们手上早就有了《成长手册》。

比尔，你是我们团队中优秀的一员，我很高兴你加入这里。

祝好！

杰克

资料来源：康纳狄，查兰.人才管理大师[M].刘勇军，朱洁，译.北京：机械工业出版社，2016.

（4）**逐步扩大工作职责，不求一步到位**。HR 管理人员成为 CHO，既要培养其业务思维，又要进一步磨炼领导力，需要更长的时间沉淀和积累。罗马不是一天建成的，CHO 也不是一个月就能造就的，企业家要有耐心，循序渐进，确定阶段性培养目标，逐步扩大 CHO 的工作职责，让 CHO 的内功在实战中逐渐深厚。

培养具有领导力的业务管理者

具有领导潜质的业务型 CHO

余睿 2008 年以管培生身份加入京东，在半年的管培生轮岗期间，他放低姿态，扎根基层，做过拣货、配送等最基础的岗位，从最艰苦的一线开始打磨自己。轮岗培训结束后，余睿定岗在物流部，经过多年发展，历任物流经理、全国大家电物流中心运营高级经理、华中区区总、华东区区总、京东集团副总裁、

1号店CEO、用户卓越体验部、客户服务部负责人。2019年3月,这个"85后"的年轻人,迎来职场新高点,从最年轻的副总裁升任京东集团CHO。余睿拥有一线丰富的业务与管理经验,在区域带过上万人的团队,还曾任职1号店CEO和总部部门负责人,具备较强的领导能力。他正是一位具有领导力潜质并从业务部门成长起来的CHO。

用10年时间做到京东CHO,余睿靠的就是较强的领导力,其领导力体现为过硬的业务、强大的心力和扎实的群众基础。

1. 过硬的业务

余睿几乎在京东所有的核心业务部门做过,轮过所有的基础业务岗位,年纪轻轻,就能带领一万多人的团队在中国电商竞争最为激烈的华东区打拼。华东区,位于中国经济最发达的长三角地区,历来是商家必争之地。电商更是大鳄盘踞,除了众所周知的阿里巴巴、苏宁易购,还有数不清的线上线下商超。面对竞争如此激烈的商圈和成熟的对手,余睿把最核心的策略重点放在了物流配送上,做异差化竞争。当年京东物流在华东区做到313个行政区县全境无缝覆盖。在京东2013年3亿多的订单中,1/4是由余睿领导的华东区团队完成的。

正是凭借其在华东区的辉煌业绩,余睿在2014年晋升为京东最年轻的副总裁。

2. 强大的心力

刘强东曾在其个人自传中这样谈论京东的管培生:"如果家庭条件比较好,小时候没怎么吃过苦,这样的人我基本不会要。相比较而言,我们更希望管培生是来自一般家庭或者贫困家庭的孩子,更希望他们是一些简单平实、吃苦耐劳、愿意奉献自己的汗水和智慧的人。"

余睿就是这样的管培生，他第一个轮岗的岗位是在客服部接电话，曾经收到过表扬信，但也曾被顾客冤枉被骂哭过，但是无论遇到怎样的挫折，余睿都能积极乐观地面对，时刻保持饱满的热情，并且从容不迫地解决棘手的问题。这种良好的心态对其后来的定岗转岗乃至今后的发展都有非常大的帮助。

3. 扎实的群众基础

余睿在京东业务线持续得到重任，除了因为在管培生项目中得到刘强东的赏识，还有一个不可忽略的条件，即员工的高度认可。无论担任什么角色，余睿都时刻关心一线员工的感受。在过节的时候，余睿还常常到一线做支援，即使是江浙的偏僻站点，余睿也会跟员工在一起工作，完全没有副总裁的架子，带给员工更多的是温暖和关怀。余睿在采访中说道："京东的员工结构正在发生变化，越来越多的'90后'进入这个市场，他们更需要宽松的大环境，以及足够的关注和尊重，只有了解他们的内心需求，才能让他们更快乐地工作。"

资料来源：京东新 CHO 余睿，对标考察网，2019-03-15，有删减。

拉姆·查兰指出，"那些表现出色的 CHO 具有一些共通的杰出品质：他们曾在销售、服务、制造或财务等部门工作过"。"越来越多的企业在选择 CHO 时，未必会选传统人力资源业务中级别最高的，而是会青睐那些懂业务、有一线管理经验的人"。

- 通用电气前首席人力资源官比尔·康纳狄在进入人力资源部门之前曾是一名工厂经理。
- 宝洁的 CHO 迪克·安东尼，在从事 HR 之前，负责管理供应链事务。
- 埃迪亚贝拉集团的 CHO 桑特普特·米斯拉，在担任这个市值 450

亿美元集团的人力资源负责人之前，曾主管过一项价值达20亿美元的业务。

- 《财富》100强企业的CHO中，有27%曾在业务部门担任过管理职务，21%具有财务部门背景，10%来源于销售或营销部门。
- 合益经过研究发现，企业需要卓越的CHO，就需要更多的优秀业务领导到人力资源部门轮岗，通过人才的历练，为他们将来担任公司高管甚至接任CEO做好准备。

作为优秀的业务管理者，自身的领导能力、业务思维等已有一定基础，重点在于如何进一步培养其人力资源管理专业能力和系统思维。

方法一：进修商学院

2018年10月19日，领英发布了《人才智能时代的HR领导者》大数据报告，中国CHO中，仅有3.5%在职业中期选择进修硕士或MBA，远低于印度、新加坡和美国（见图4-7）。中国快速发展的阶段和多变的商业环境，使CHO往往要花更多的时间和精力处理工作中的挑战，难以短期脱离行业和企业的限制去外部进修。然而从长远看，中期进修硕士或MBA的CHO在职场晋升中显然有更大的优势，对于中国的CHO群体，参与中期硕士或MBA进修后的晋升速度，比没有进行中期进修的CHO分别快10%和15%。

印度籍担任世界500强企业CEO的人越来越多，这得益于印度对商学院的高度重视。印度商学院的课程是印度高校的必修课，不论学生就读的是哪个专业，印度的在读高校生都必须进修商学院课程。印度毕业生进入职场后再次进修商学院的比例很高，是一种普遍的现象。正是印度对商学教育的重视，才使其培养了大批高素质的企业管理人士和领导者。

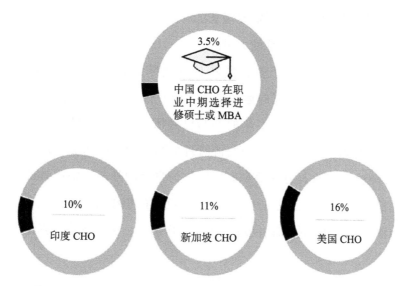

图 4-7　中国与印度、新加坡、美国 CHO 进修硕士或 MBA 的对比

内部提拔的 CHO 从业务管理人士转向人力资源领导者，进修商学院无疑是打破传统学习模式的关键途径。多数业务管理人员，比如研发、生产、销售以及供应链等方面的管理者大多是理工科背景，经过多年的业务打磨和团队管理，他们已经具备了一定的领导能力，可以通过进修商学院 MBA/EMBA 课程，迅速完成对人力资源、财务、金融、市场等商业知识的系统学习，同时可以通过课上与其他企业管理者之间的互动学习，进一步打开 CHO 跨行业的视野，了解商业管理、组织管理、人才管理在不同领域的应用和成功经验，以使其更从容地面对本企业所存在的问题，胜任 CHO 岗位。

方法二：寻找外部专业教练

帮助企业家打造组织能力是一项颇具复杂性的工作，既要有坚实的理论支撑，又需要有效的方法、工具帮助落地，而且人才管理要直面人性，要面对各种复杂的情境。这些复杂的情境，一般需要真正的实战经验才能应付得过来，但是经验积累需要漫长的时间，如果想要加快 CHO 的培养，就要懂得借助外部专业教练的力量。

内部选拔的业务类人员，虽然具备领导力的高潜质，但作为新任 CHO，就像刚进入新赛道的运动员，需要一位优秀的教练提供指导和帮助。外部教练见多识广，多年的经验已经沉淀为一定的规律和方法论。CHO 可以主动寻找并参与人力资源管理的高端组织或协会，邀请成功的 CHO 或经验丰富的人力资源专家顾问作为自己的外部导师或教练，通过学习他们的先进理论、成熟经验以及解决问题的思维方式等，让自己更加从容地面对新的领域和新的问题，解决工作困惑，少走弯路，真正为组织创造价值。

内部人才盘点找出胜任 CHO

选择内部 CHO，有了明确的标准和选拔的方向，而如何实施落地，则可以通过内部人才盘点的方式，选拔出胜任的 CHO。CHO 候选人盘点总视图如图 4-8 所示。

360°评价与全方位访谈和考察

首先从 TOP5 的高管、HR 管理者、业务管理者群体中筛选出内部 CHO 候选人名单，并确定相应的评价关系。领导力素质评价，也就是对候选人在先公后私、坚定信念、战略思维、变革推动和组织智慧方面的表现开展 360°评价，包括被评价者的上级、同事和下级。业绩评价主要由其上级进行 90°评价，侧重于在工作贡献、工作质量和工作及时性方面进行高、中、低的分级评价。

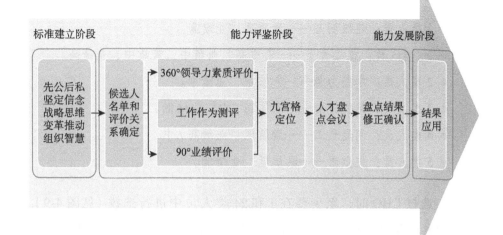

图 4-8 CHO 候选人盘点总视图

除了 360° 评价，企业还可以运用基于大五人格理论的相关测评工具让候选人参与测评。大五人格包括外向性、亲和力、经验开放性、认真负责性以及情绪稳定性。通过这样的测试，企业能够了解候选人的工作行为风格。作为 CHO，既要"处世"，又要"为人"；既要有战略高度，又要有人际敏感性，协调各方关系，平衡各方利益，所要求的综合素质较高，因此在这五个方面不应有明显的短板。

CHO 对企业的发展非常重要，为了进一步保证对候选人考察的精准度和可靠性，可以通过 360° 访谈（候选人上级、同事、下级）来进一步了解候选人的品德、能力和业绩。访谈获取的信息会更加全面、立体，有益于判断，但要注意做好前期沟通工作，尽可能让访谈对象认同 CHO 选拔的重要意义，从而提供更加准确、客观的信息。

人才盘点九宫格锚定候选人

对 CHO 的人才盘点基于 CHO 的五项领导力素质和业绩两个维度的

高、中、低，确定九宫格定位，一般分为六类人员。

- 1类人员：超级明星——素质高、业绩高。
- 2+类人员：核心骨干——素质高、业绩中，素质中、业绩高。
- 2类人员：中坚力量——素质中、业绩中。
- 3类人员：待提升者——素质高/中、业绩低。
- 4类人员：问题员工——素质低、业绩高/中。
- 5类人员：失败者——素质低、业绩低。

在选拔CHO时，至少要在1和2+类人员中进行选拔（见图4-9），领导力素质和业绩至少有一项处于高水平，而如果同样是2+类人员，则倾向于选择素质等级为"高"的候选人，因为素质高对业绩的影响更为长远。

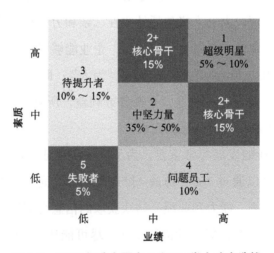

图4-9 CHO候选人要在1和2+类人才中选拔

人才盘点九宫格六类人才定义如表4-1所示。

表 4-1　人才盘点九宫格六类人才定义

结果	定位	对内	对外
1	超级明星	胜任此级别工作并有非常大的发展潜力，短期内可承担更有挑战性的工作或晋升到上一级别	对比其他公司同岗位人员能建立明显的竞争优势
2+	核心骨干	胜任本级别工作，有较大的跨职能、跨模块灵活性，重点培养后有较大发展	能够建立一定的竞争优势，不会导致竞争劣势
2	中坚力量	胜任本岗位，有一定的跨职能、跨模块的适应性，重点改进后有一定的发展	不能建立一定的竞争优势；可预见的短期内不会造成竞争劣势
3	待提升者	有潜力胜任现岗但目前还不能胜任或不适合	有竞争劣势，但有改善的余地（通过经验积累或换到其他岗位）
4	问题员工	胜任本岗位工作，到其他岗位的灵活性一般，工作态度或行为风格与公司要求不相符，进一步发展的潜力极其有限	没有竞争优势；在可预见的未来会造成竞争劣势
5	失败者	不胜任现岗，也不具备发展提高的潜力，工作态度或行为风格与公司要求不相符	能明显导致竞争劣势，也不具备发展提高的潜力

企业家要放弃以往的"拿来主义"，避免妄想着有一个完美的 CHO 就在那里，一旦得到，所有问题便迎刃而解。企业家要真正认识到，一个优秀的 CHO，离不开他自己的潜质和努力，更离不开企业的关注和培养。从 TOP5 的高管中、具有业务思维的 HR 管理者以及具有领导力的业务管理者中选拔具有先公后私品质和领导力的管理者，推动人力资源与业务的双向轮岗，通过系统的培养提升其专业能力，这样通过内部选拔并培养 CHO 的方式是企业找到优秀 CHO 的最稳健方式。

> **关键发现**
>
> 外部空降 CHO 的成功率仅不到 5%。
>
> 空降 CHO 可能会因企业的选人能力不佳，导致 CHO 的价值观存在偏差而产生风险。

空降CHO的风险在于破坏企业文化，难以推动变革，影响团队成长，以及战略支撑乏力。

企业总想去外部寻找CHO是因为三大认识误区：外部总量多，外部更好用，内部培养更漫长。

企业招聘CHO，想要的是赛车的设计和制造者，请来的却是赛车手。

内部选拔的CHO更容易成功，因为内部认同、员工信任、熟悉业务、易于判断。

内部选拔CHO的方式是从高管TOP5、具有业务思维的HR管理者，以及具有领导力的业务管理者中选拔。

通过人才盘点的方式，科学选拔CHO候选人。

Precise
Selection of
CHO

—— 第五章

迫不得已的空降 CHO

招募一个有潜力的首席级高管继任者，
在三四年后提升他为首席执行官，
比雇用外部首席执行官的风险要小得多。
——亿康先达合伙人费洛迪

当企业尝试各种方法在内部找不到合适的人选时，迫不得已才需要考虑从外部招聘CHO。处于初创期的公司，或在急速发展阶段的公司，业务骨干紧缺、核心高管中没有合适人选，也找不到其他可以胜任的人，迫不得已之下，企业可以通过外部招聘，寻找空降CHO。但是鉴于空降CHO的成功率较低，且存在诸多风险，企业家在找到合适的CHO候选人后，应主动提供各种条件帮助空降CHO成功落地和存活。更为经济的做法是降级招聘，从外部招聘那些更有潜力的人力资源经理，通过后续悉心培养，提高空降CHO的成功率。

降级招聘法是空降CHO的首选方式

采用直接空降法招聘CHO难度大、成本高、风险大，那么如何才能提高空降CHO的成功率呢？全球顶级的人才寻访公司亿康先达合伙人费洛迪曾说道："招募一个有潜力的首席级高管继任者，在三四年后提升他为首席执行官，比雇用外部首席执行官的风险要小得多。"这样的方式也同样适用招聘CHO。我们建议，即使企业迫不得已从外部招聘CHO，也不要直接空降，而是采用降级招聘法。降级招聘是指在总监或经理中寻找潜力大、可塑性强的人才，进入公司后经过3～5年的培养，再晋升到CHO的岗位。这种方法可以让企业从外部找到合适CHO的成功率提升到60%。CHO降级招聘法如图5-1所示。

降级招聘法通过寻找优秀的CHO种子选手，进行悉心培养，把外部招聘的"雇佣兵"变成自己的"子弟兵"，相对直接空降CHO，降级招聘CHO有独特的优势。CHO降级招聘法和CHO直接空降法的优势对比如表5-1所示。

第五章 迫不得已的空降 CHO

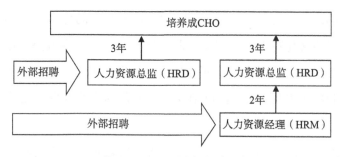

图 5-1 CHO 降级招聘法

表 5-1 CHO 降级招聘法和 CHO 直接空降法的优势对比

对比维度	CHO 降级招聘法	CHO 直接空降法
候选人数量	优秀的总监或经理的候选人多	优秀的 CHO 候选人少
薪酬成本	低	高
缓冲期	短	长
忠诚度	高	低
风险	小	大

降级招聘可选人才范围广

从外部人力资源总监或经理中寻找具备成为未来 CHO 潜力的人选，并给予未来发展和晋升的机会，对于候选人来说更具有吸引力，而且总监/经理级的候选人可选范围也更广，候选人入职后也更稳定。如果从同级别的 CHO 群体中寻找 CHO，公司不仅要花费更高的成本，而且所选择的范围更狭窄，入职后的稳定性也相对较弱。

总监/经理级的 HR 管理者更易融入

成功的 CHO 往往有数十年的工作经历，积累了丰富的职场经验，形成了自己的思想和方法论，他们对CHO这个职业的忠诚也很高，不会轻易因为公司的文化特点、发展阶段和工作模式而去主动调整自己的管理风格，也不会因为新公司的需要而牺牲自己的发展诉求。然而每家公司的文化都有其独特的基因，成熟的CHO和新公司的文化匹配性更多的是靠缘分和运气，很难高度一致。

HR总监或HR经理，一般经历了从学校人到职业人的转变，掌握了一定的管理技能，具备一定的心智成熟度，且大多处于年富力强的黄金年龄，未来发展潜力大，思维活跃，善于接受新事物和新环境，这个层级的HR相比成熟的CHO可塑性更高，发展潜力更大，能够更快更好地融入新环境，主动调整自己的工作风格以适应新公司的文化，经过3～5年的工作历练和培养，能够更好地认同公司，把自己的职位规划和公司发展融合起来，与公司共同成长。

降级招聘CHO风险小

首先，降级招聘的CHO，是从经理或总监中选拔出人力资源负责人，在分配任务和授权时通常会采用循序渐进的方式，一般情况下，企业不会轻易地把重大战略任务和组织变革项目交由其全权负责或主导，即便让其负责，也会有分管负责人适时指导。其次，从招错人的成本上来看，招错一位人力资源经理的直接成本、间接成本和机会成本，相对来说比招错一位CHO的要更低。再次，人力资源负责人以经理或总监级身份加入公司，不会给公司高管层带来较大的冲击，有助于营造良好的融入环境。最后，人力资源负责人也不会带着过高的预期加入公司，而是给自己留有一定的缓冲期，先融入再创造价值。

降级招聘也能选到能力强的人选

每家公司的人才培养和晋升标准不一样，管理成熟度和水平也不尽相同，势必造成人才的能力差异。比如，有的公司 CHO 的能力比其他公司的人力资源总监还弱，有的公司人力资源经理的能力却比其他公司的人力资源总监能力要强。所以只要愿意花时间和精力，沙中淘金，慧眼识才，企业就能够在经理级的群体中找到有望快速成为 CHO 的高潜人才。

自上而下的空降 CHO 失败率高，但自下而上的先融入环境再培养晋升的方式成功率很高。降级招聘 CHO 这种方式既吸收了外部的新鲜血液，又能使招聘的人才快速融入公司，保证了内部文化的传承，进而使 CHO 成为和公司一起长期发展的事业伙伴。因此，CHO 降级招聘法是企业选择空降 CHO 的首选方式。

空降 CHO 的成功条件

追踪了两年的 CHO

高陆达公司（以下简称高陆达）董事长李常宁跟踪一名 CHO 候选人陈华已经 2 年多，在一次见面后，陈华终于答应李常宁的邀请，加入高陆达。高陆达于 2005 年成立，是中国智能交通的领军企业，一直致力于智能交通系统的开发，年产值规模达数十亿元人民币。随着市场进入者的持续增加，竞争愈发激烈，李常宁从 2 年前就考虑业务的转型升级，他计划通过并购扩充产品线，并将新老产品的研发、销售进行顺利的衔接和整合。业务的变化必然带来一系列组织、人员和流程上的整合和优化，李常宁一直是一个谨慎的人,没有准备好不会轻易行动。所以他的计划是找到一位优秀的CHO,帮助公司成功实现业务转型。成功招揽陈华,源于他做了充分的准备。

知己知彼,而后谋定。在一次行业交流会上,李常宁遇见了当时就职于一家外资企业的CHO陈华,当时陈华在现场做了一场《新时期的传统企业如何通过人力资源转型支撑业务》的专题分享。李常宁对于陈华所表达的观点印象深刻。会后经主办方负责人介绍,李常宁与陈华进一步相识,并热烈交谈了一个下午。"陈华话不多,但是很敏锐,句句戳中要害,我提了一下业务的增长困境,他大概询问了一下行业趋势,就基本判断出企业战略调整的大体方向。"会谈结束后李常宁向主办方负责人进一步了解了陈华的个人履历和评价,得知陈华在外资企业从采购负责人做到销售负责人,又做到人力资源负责人,帮助企业实现了多次业务升级与转型,他带领的HR团队也是雷厉风行,战绩颇丰,公司内部普遍非常认可。李常宁说:"我觉得一个成功的CHO首先肯定得懂业务,但是也得懂组织、懂人性,得能够触动他人,这个陈华很难得。"

长期跟踪,建立信任。有了目标人物,李常宁下一步就是考虑如何能把陈华请进公司。其实没有什么捷径可走,李常宁的真诚和韧性在这件事上体现得淋漓尽致。无论任何节日,李常宁都会准备一份礼物寄给陈华,并不是什么贵重的礼物,但是都表达了对其家人的关心和问候。每个季度李常宁都会约陈华喝茶、聊天,陈华能够感受到李常宁的真诚,所以基本上也不推托。在会谈中,李常宁更多的是讲述他个人对这份事业的热爱,以及企业想要对这个社会输出的价值,那就是让人们的出行更便捷、更高效,让人们更好地享受生活。当然,李常宁也会讲到他的困惑，企业的发展瓶颈，人才支撑的乏力，以及对一名优秀 CHO 的迫切渴望。同时，李常宁邀请了陈华为企业的中高层管理人员做一次人力资源转型的培训，中高层管理人员对于陈华的专业能力也非常认可，公司中高层管理人员和陈华也有了互动交流。最终打动陈华的是，得知高陆达有这样一项福利，就是对员工子女的教育提供资金支持，陈华感觉到李常宁眼光长远。就是在这样的长期互动与了解中，李常宁和陈华逐渐建立了信任的关系。

提供支持，顺利着陆。陈华入职高陆达后能够顺利开展工作，成功地存活下来，除了陈华本身的推动能力和专业能力，更可贵的是李常宁虽然关注与重视他，但并没有把所有管理上的问题一股脑地全部抛给陈华，而是与他一起规划、分析、讨论解决方案。在陈华推动一些具体的措施和行动上存在困难时，他第一时间出面帮助解决，从而帮助陈华在公司内部奠定了良好的威望和地位。这之后，李常宁定期和陈华进行沟通交流，对其工作进行反馈并尽可能地提供帮助。陈华感受到李常宁的重视与认可，也能定下心来，与李常宁共同谋划，在帮助企业成功并购后，用一年的时间理顺了组织、人才和流程上的问题，最终帮助高陆达成功转型。

一粒腐烂的种子即使放在再肥沃的土壤中也难以发芽长大；一粒饱满的种子，落到了水泥地上也无法存活，只有落在肥沃的土壤中才能长成参天大树。CHO 直接空降的成功率不到 5%，一方面是因为种子选得不对，另一方面是因为企业忽视了提供易于其存活生长的条件和环境。

企业若想从外部寻找到合适的 CHO，必须做好充分的准备：

第一，要选择合适的人。人没选对，花再多时间和精力进行培养都是浪费。

第二，不要让CHO负重空降，不要指望CHO的到来就意味着一劳永逸。

第三，CHO自身也要有意识地卸下过往的光环，调整自己快速融入环境。

第四，CHO要花足够的时间了解公司经营、业务、文化，并通过沟通了解人才情况，以便更好地开展后续工作。

第五，企业家和CHO要在当前最需要解决的问题和创造最大价值的行动方案上达成一致。

只有做到这些，才能提高空降CHO的成功率。

企业选对人胜于培养人

选对了CHO，企业就成功了一半。企业要花精力在挑选CHO人选上，按照CHO的人才画像去寻找优秀的人选，坚持宁可漏选不可错选。

（1）**明确CHO画像**（见表5-2）。选到不合适的空降CHO，尤其是价值观存在风险的候选人，对企业造成的损害不可估量。所以企业家首先应该明确CHO的关键素质，切不可被"大厂品牌"所迷惑。上文已经说明一个合适的CHO必须具有的五项领导力素质，包括先公后私、坚定信念、战略思维、变革推动和组织智慧。直接空降CHO和降级空降CHO在领导力的素质要求上是相同的，但是对于降级招聘的候选人，对其经验和职位的要求可以放宽，只要是任职人力资源经理或人力资源总监就可以。

表5-2 CHO的人才画像卡

胜任素质类别	直接空降CHO	降级空降CHO
冰山上 （经验和技能）	任职CHO的成功经验 业务管理经验	任职人力经理或人力资源总监

（续）

胜任素质类别	直接空降 CHO	降级空降 CHO
冰山下 （领导能力）	提问库	
冰山下 （领导能力）	先公后私：请介绍一个你为维护组织的利益，自己做出让步和牺牲的例子 坚定信念：请介绍一个你在困难的情境或环境下坚守组织的信念的例子 战略思维：请介绍一个你为公司长远发展做出前瞻性部署，并得以有效实施的例子 变革推动：请介绍针对公司面临的一个长期没有解决的问题，你通过克服困难、努力推动，最终实现改变的例子 组织智慧：请介绍一个你以敏锐的洞察和有效的推动，解决公司中一个复杂难解决的问题，并赢得大多数人的认可的例子	

（2）**多方验证**。选到合适的 CHO，精准画像只是第一步，还需要通过后续的六道关卡，进一步考察验证（见图 5-2）。

图 5-2　精准选人六道关⊖

企业家要花足够的时间，通过正式的面试或非正式的沟通，与候选人充分接触、详尽了解，深入地考察对方的价值观和领导力素质。在实际的面试场景中，企业家也要善于从候选人过去实际经历的事件中开启提问（见表 5-2），并运用 STAR 面试追问话术（见表 5-3），更准确地挖掘候选人的素质、能力和价值观。

表 5-3　STAR 面试追问话术

对"变革推动"素质项的考察
● 提问：你在之前的企业中，曾经主导过的一次成功的变革举措是什么？
● 追问：

⊖ 具体操作参见李祖滨，刘玖锋. 精准选人：提升企业利润的关键 [M]. 北京：电子工业出版社，2017.

(续)

对"变革推动"素质项的考察	
Situation（情景）：	是什么时候，为什么要做这个变革？
Task（任务）：	这次变革的任务是什么？
Action（行动）：	为了实施这个变革，你做了哪些准备？
	你的变革方案思路是什么？你是怎么考虑的？
	这里面哪些群体的利益会受到波及？
	你是如何进行取舍或平衡的？
	实施过程中遇到的最大困难是什么？你是怎么解决的？
Result（结果）：	这次变革的成功体现在哪些方面？
	如果重新来一次，你会做哪些方面的优化？

除了面试技巧，还可借助性格测试、直觉验证和背景调查，包括进入试用期后的密切考察等方式对候选人的行为风格、过往经历和业绩进行全方位的了解，以确保选人的成功率。如果你在犹豫不决，就可以参考图 5-3 所示的直觉十问，进一步帮助判断候选人是否真正合适。

直觉十问
1. 直觉上，我能相信候选人说的话吗？
2. 如果把重要任务交给候选人去办，我放心吗？
3. 此候选人如果没有光鲜优秀企业的工作经历，我会选择他吗？
4. 如果有更多的候选人，我现在会选择他吗？
5. 此候选人至少比我们现有团队前 20% 的人优秀吗？
6. 此候选人如果应聘我们竞争对手公司，会被录用吗？
7. 我能从此候选人这里学到我现有不足的能力吗？
8. 此候选人在未来是否能够达到公司的晋升标准？
9. 如果其他面试官不同意，我还会用他吗？
10. 如果现在不用他，我会后悔吗？

图 5-3　直觉十问

奈飞公司前 CHO 帕蒂·麦考德认为："如果你招进来的员工足够优秀，你后期在人力资源管理上 90% 的问题就可以避免了。"选对了合适的人，在后续的融入中也会减少诸多障碍，因为合适的人本身就会自我调整，摆正心态，积极融入，找到自己的价值创造点。

企业不要让 CHO 负重空降

空降兵在降落之初最关键的是不要负重空降。空降兵,也叫伞兵,被称为最危险的兵种,因为从高空降落很容易发生事故,伞兵跳伞一般在 900 米的高空,900 米高空自由落地大概需要 19 秒的时间,一旦在这 19 秒的时间内,伞兵的主伞和备份伞发生故障无法打开,就很可能发生自由落体而导致严重后果。所以,一旦选择好 CHO 空降兵,如何减少负重、降低降落时发生故障的概率,帮助其顺利降落,是企业家要关注的关键问题。

吉姆·柯林斯在《从优秀到卓越》一书中写道:"实现跨越的公司有着这样的习惯,把人才用于有最佳发展机会的事业上,而不是用于解决各种麻烦。"企业往往是在组织遇到比较严重问题的时候,迫不及待想要招到一位 CHO。他们急需一位有魄力的变革者来带领企业走出困境。从企业 CEO、高管到员工,都对空降的 CHO 翘首以待,抱有很大的期望。但是历史遗留的疑难杂症并不是短期内就能解决的,尤其是组织能力的问题,如果期望空降 CHO 在短期内就解决流程不畅、机构臃肿、人浮于事等具体实际的问题,大规模实施变革,反而可能导致变革的失败,也会使得空降 CHO 无法安全着陆。

对于企业来说,企业家要调整对 CHO 进入组织后的价值期望,不要在短时间内让空降 CHO 独立处理复杂的组织问题,也不要在一年内轻易发起全面的组织变革,而是要立足于长远,帮助空降 CHO 确定阶段性的成长目标,提供指导和帮助,使其更好更快地理解现有业务、组织、管理、人才和文化,先存活下来,再谋求发展。

CHO 要卸下原有光环

空降 CHO 自身的心态和定位也是成功的关键。阿里巴巴原 CHO 关明生从 GE 成功空降到阿里巴巴，帮助阿里巴巴渡过了企业的生死难关，帮助马云梳理了阿里巴巴的"六脉神剑"，并建立了更加完整的、富有活力的人力资源管理体系。在关明生的一次演讲中，一位同样在外企工作超过 20 年的 HR 经理人问关明生，作为空降兵是如何成功融入阿里巴巴的，关明生很自然地答道："进入一个组织后不要老提以前的企业和经验，不要一味突出自己以前有多厉害，而是要思考自己到底能解决什么问题。"

空降 CHO 往往具有比较优越的个人条件和成功经验，如果在个人意识上无法快速转换，总是以一种居高自傲的态度和挑剔的眼光面对周围的人与环境，势必会格格不入，产生隔阂，增加融入的障碍和难度。光环不会一直发光，除非用实际的业绩续航。因此，空降 CHO 要主动地卸下原有光环，尽量减少言必称"前公司的制度很规范、机制很先进、文化很融洽……"，抑或是"现公司多么不规范、落后，文化上存在各种问题……"，以谦逊的姿态主动融入和接纳新环境，用实际的行动展示其对新公司的认可和向往，为实现未来的业绩创造条件。当然，企业家也有责任和义务与空降 CHO 定期开展沟通面谈，在发现问题后及时反馈，帮助其发现自我认知的盲点，调整好心态，从而更好地融入。

CHO 要花 50% 以上的时间融入环境

全球著名职业转型指导专家迈克尔·沃特金斯调研了 1300 多位 HR 领导者，大约 3/4 的人认为"最初几个月的成功与否基本预示了在这一岗位上的最终成败"。CHO 在入职最初几个月的融入情况在很大程度上决定了其能否空降成功。

相关机构做过的一个调研显示，空降高管在入职初期的100天当中，花在处理融入企业有关的活动上的时间只有7%，而93%的时间都花在处理与业务相关的工作上，这是造成空降高管失败率居高不下的重要因素。空降CHO至少要投入50%的时间尽快了解和熟悉业务、人才、团队、文化等方面，通过沟通展示真诚，获取信任与认同。企业家也要帮助空降CHO制订一个为期至少90天的融入计划（见表5-4），使其了解公司的行事风格和规则，帮助其处理好人际关系，让其参与重大决策的讨论过程，为空降CHO的融入扫除障碍。

表5-4 空降CHO的90天融入计划

时间	目标	CHO本人	企业CEO
第一个30天	相互了解	与每位下属进行一对一沟通 与核心管理层进行一对一交流	为空降CHO组织一次入职欢迎会
		主动了解公司文化 积极参加公司各种活动	向CHO介绍公司发展历程及文化
第二个30天	相互熟悉	组织一次团队建设活动	给予及时反馈，帮助CHO适应新环境
		参加各业务条线的会议，熟悉业务	给予CHO参与各业务会议支持
第三个30天	相互认同	解决紧急重要问题，创造价值	帮助梳理公司主要人力资源工作，达成共识
		带领团队探讨未来的愿景和目标，凝聚团队	不要让其处理重大棘手问题
		以身作则，树立信誉	帮助CHO树立权威

绕开烟幕弹，找到价值区

空降CHO进入一家公司常做的事就是倾向于按照自己过往的风格、习惯和固有方式开展工作、解决问题，然而这往往是比较危险的做法。

一家公司连续换过3任CHO，每位CHO进入公司后都会推翻前任制定的各项人力资源管理制度，制定并实施具有自己风格烙印的管理举措。制度的频繁更替导致公司内的员工无所适从。该公司第4任CHO入职后，并没有急于建立各项新的管理制度，而是深入一线业务，花了2个月的时间与各层级的管理者和员工进行充分的沟通交谈，了解公司的业务现状和员工心声，洞察公司的优势和管理改善点，然后提出人力资源管理调研报告和解决方案，这个报告和方案并不是CHO个人独立的判断与想法，而是凝聚了在这两个月的访谈中公司员工和管理层的智慧与贡献，从而更容易取得公司的认同。该公司的CEO在参加过CHO组织的人力资源调研报告和解决方案沟通会后说道："这是到目前为止我收到的最好的管理报告，也是你送给我的最好的礼物，我完全赞同和支持。"业务管理者也称赞有加，"你提到的问题都是我的痛点，贴近我的需求"，员工更是提到"你是唯一一个没有马上改变前任CHO制度的CHO"。

空降CHO在进入新企业后往往会遇到很多"烟幕弹"，比如老板会提出各种各样的要求；员工会抱怨各种各样的问题：有眼前亟待解决的问题，也有长期历史遗留的问题，有容易解决的问题，也有难以解决的问题。空降CHO往往倾向于拿出新官上任三把火的气势，马上推动组织变革，但由于信息获取不全面，就关键问题及其轻重缓急未能在内部达成共识，资源难以调动，变革常常以失败告终。空降CHO进入新的组织后容易被"烟幕弹"迷惑，找不到目标靶心而随意开枪，一不小心就触碰到"雷区"。

涉及人和组织的问题往往是最复杂的，问题可以全面铺开，但解决问题不能一蹴而就。空降CHO既不能马上采取措施解决重大问题，也不能回避重大问题，要在时间的沉淀中，逐渐拨开迷雾，面向未来找到组织的价值区，系统提出解决方案，推动高层达成共识，有步骤地解决问题，这样才能创造出真正的价值。

麦肯锡前高级合伙人托马斯·巴塔在《深度营销：营销的12大原则》一书中写道：营销管理者的成功只在于尽可能地扩大客户需求和公司需求的交集。同样，优秀的CHO不是用职权或从部门角度开展工作，更多的是找到组织的价值区，基于价值区开展工作。那么如何找到价值区呢？对于CHO来说，**如果某一个问题已经影响了员工的需求、客户的需求和公司增长的需求，那么这个问题就在价值区。**

公司处于高速扩张期时会面临各种挑战：关键岗位人才不足，管理层能力不够，组织架构调整带来效率震动，产品质量下降，客户体验下滑，CEO既兴奋又疲惫不堪。在对这些亟待解决的问题的认知上，CEO认为应该加强人才招聘，管理者认为应该扩大授权，而客户觉得至少应该保持之前的服务水平。如果此时CHO想要通过重新梳理公司的规章制度、加强培训和考核来解决问题，那么很可能会游离于价值区之外。CHO应聚焦于招募优秀的人才、调整组织架构和授权体系、提升产品和服务质量，这些才是CHO需要抓住的价值区。

找到价值区的前提是了解公司的需求、员工的需求和客户的需求。

（1）**了解公司的需求**。拉姆·查兰认为，绝大多数的CHO"不能将HR工作与实际业务需求结合起来。他们并不了解关键决策的制定过程，对于为什么人员和组织管理不能有力驱动业务目标的实现，他们也无法给出合理的分析"。CHO要主动和CEO沟通，了解公司的战略重心和业务痛点，CHO可以向CEO询问三个问题，从公司整体业务出发，帮助澄清组织的需求：

- 你认为当前公司最重要的三件事是什么？
- 你认为做哪些最有利于业务增长？
- 你认为目前公司最大的挑战或瓶颈是什么？

（2）**了解员工的需求**。CHO不能只根据CEO的要求去工作，也要和员工站在一起。康纳狄认为不要只做老板的朋友,许多时候,人力资源主管太专注于做好 CEO 要求的工作,这使得他们丧失了作为员工支持者的能力。"如果你只想接近 CEO,你就完了,"他说,"一旦人力资源主管和 CEO 完全站在同一阵营,他就失去了组织内其他人的信任,再也不会有人与他推心置腹。"CHO 要经常深入一线,了解员工的需求。CHO 也可以通过下面三个问题来掌握员工的需求:

- 目前妨碍你高效工作的是什么?
- 你最希望公司在哪方面得到改善?
- 你觉得最需要我给予哪方面的支持?

(3)**了解客户的需求**。CHO 不能只站在内部看问题,也要从外部去理解组织需求,会根据企业的商业环境、利益相关者需求而调整自身的工作。这也是戴维·尤里奇提倡的由外而内重建 HR 的做法。任何商业组织必须满足客户的需求,同样,人力资源的工作也需要把客户需求作为工作的出发点。CHO 要了解客户的需求,从而界定人力资源的工作:

- 你对我们的产品或服务最不满意的是什么?
- 你希望我们做出哪些改变?
- 和以前相比,我们发生了哪些变化?你是否支持?

空降 CHO 要从公司、员工、客户三方面界定共同的需求,进而思考"我如何做才能满足共同的需求",最终找到工作价值区(见图 5-4)。

企业家也要帮助空降 CHO 找到真正产生价值的工作,引导内部达成共识,帮助空降 CHO 真正创造价值,树立威望,为应对未来的挑战、实施更大的变革积蓄力量。

企业可以采用先内后外的策略寻找 CHO,优先内部选拔 CHO,迫不得已的情况下才考虑从外部招聘 CHO。而外部招聘 CHO,首先考虑降级空降法，如果直接空降CHO，企业需要考虑直接空降CHO的多重条件，做好准备工作，才能提升CHO空降成功率。

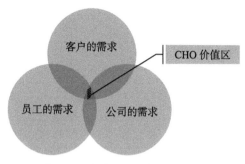

图 5-4　空降 CHO 找到价值区

关键发现

企业内部缺乏合适的人才时，迫不得已也可以选择外部招聘。

降级招聘法是外部招聘CHO的首选方法。

企业不要让空降CHO短期内发动大的组织变革。

空降CHO的成功在于，企业和CHO双方都要做好充分的准备。

企业要根据CHO的精准画像和科学的选拔方法识别空降CHO。

企业要降低对空降CHO短期内产生价值的期望，不要让其刚上任就解决棘手问题。

空降CHO自身也要付诸努力，卸下光环，以谦虚的姿态融入新环境。

空降CHO要找到那些符合公司、员工和客户共同需求的价值区，并发挥作用。

Precise
Selection of
CHO

第六章——

CHO 打造组织能力三部曲

"人力资源部必须提供流程、结构、人才、奖励、培训和沟通机制来创造与维持组织能力。"

——戴维·尤里奇

组织能力是企业竞争力的关键，是保障企业持续成功的核心要素。当今社会最大的属性是"不确定性"，恰如斯宾塞·约翰逊所说"唯一不变的是变化本身"。在这种极具挑战性的时代背景下，如何保持组织的持续成功已经成为企业必须面对的课题。紧跟时代变化与企业发展的步伐、持续打造组织能力，才是企业获得持续成功的最优途径，也是唯一途径。

组织架构、任务流程、人才、文化和创新是组织能力的五个组成要素，这些要素也是企业打造组织能力的重要抓手。需要注意的是，组织能力的打造如同企业成长一样，不是一蹴而就的，而是会经历由小到大、由弱到强、由点到面的过程。在不同的阶段，企业发展面临的主要任务不同，意味着打造组织能力的主要着力点也会随之发生变化。CHO 与 CEO 在组织能力的打造当中好比桨和舵，协同 CEO 打造组织能力是 CHO 的使命。基于我们的理论研究和咨询实践，我们提出 CHO 打造组织能力的三部曲：

- 第一，将个人能力复制成组织能力。
- 第二，将短期增长塑造成长期增长。
- 第三，将一代人的成功传承为持续的成功。

CHO 打造组织能力的三部曲（见图 6-1）的提出旨在帮助 CHO 在组织能力打造的不同阶段抓住侧重点，更好地取得组织能力建设的成效，助力企业实现持续的成功。

第一，将个人能力复制成组织能力

通过能力复制解决组织内个人能力差别的问题，推动并实现个人的经验和能力向组织的经验和能力的转变，是企业打造组织能力的第一步。

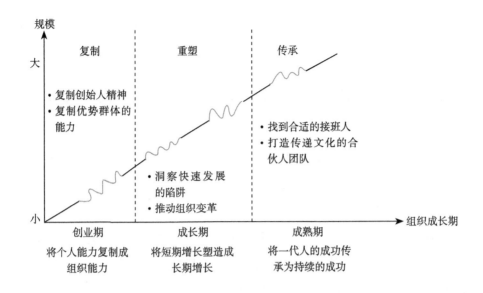

图 6-1 组织能力打造三部曲

企业在创业期，主要依靠创始人实现企业从 0 到 1，迈出企业发展的第一步。随着企业商业模式通过了市场的验证并逐渐成熟，做大做强将成为企业下一步的发展目标，这个阶段的企业面临着从 1 到 100 复制和跨越的挑战。在企业从 1 到 100 的跨越进程中，人才、产品、区域、职能等不断增加，企业管理的复杂度不断提高，如果不能将创始人精神和能力变成整个组织的精神与能力，复制出更多具备创始人精神的人，那么企业将难以快速增长。同时，如果企业规模扩大了，但个体不能吸收其他个体的优势，则无法产生协同乘数效应，那么整体创造的价值可能小于个体之和，企业将难以做强。

复制创始人精神

创始人精神对于企业发展具有巨大的指引作用。克里斯·祖克和詹姆斯·艾伦在《创始人精神》一书写道："创始人精神的特点与它们在股票市场的表现、维持市场业绩和对抗同行的能力之间有着强大的联系……那些长期保持高绩效的企业所展现出的创始人精神特征的强度，是绩效最差企业所展现出的特征的 5 倍以上。此外，我们可以确定，大约 1/10 的公司能实现连续 10 年盈利增长，而其中几乎有 2/3 由创始人精神所指引。"

孤军奋战，其力有限

8 年前，凭借创始人张骥的商业敏锐度和个人魄力，华远公司精准地切入了某行业的细分市场，并取得了快速发展，短短 5 年迅速成为行业领导者。然而，经历 5 年的快速发展之后，华远公司近 3 年的营业收入增速逐渐放缓，而竞争对手则迅速崛起，并且 2019 年上半年的人均销售额大幅赶超华远公司。究其原因，除行业准入门槛低、市场集中度低等外部因素以外，张骥事必躬亲的家长式管理严重制约了企业的运作效率。企业发展至营收 12 亿元的规模过程中，张骥直接管理的下属人数增长到约 50 人，而且直接下级事事汇报，所有问题都需要张骥决策。这种模式导致企业发展过度依赖个人，张骥的个人能力没有转化成企业的整体规模优势，中层管理者能力发展受限，他们更多的是承担执行者而非管理者的角色，而这也会进一步影响下属员工的个人成长，导致华远公司整体人才质量不高，人均效能落后，这样的状态使得张骥越发感觉到力不从心。事实证明，仅仅依靠优秀的创始人个体，无法联动整个企业，可谓"孤军奋战，其力有限"。

人效是企业组织能力衡量的重要标准，华远公司人效降低背后的实质是企业组织能力"瘸腿"。由此我们发现，在创业期，企业打造组织能力的关键在于创始人精神复制到整个组织内，实现组织整体的奔跑，实现从"火车头"模式向"动车组"模式的转变。正所谓"要想走得快，一个人走；要想走得远，就要一群人走"。那么，CHO 如何在企业内部复制创始人精神，提升组织能力，就是我们需要探讨的话题。

1. CHO 将创始人精神提炼、凝结成企业精神

使命、愿景、价值观以及经营管理理念都是创始人精神的体现，创始人精神是创始人创立企业的管理哲学，是支撑企业从 0 到 1 的原动力。比尔·盖茨的梦想是"让每个家庭的桌上都拥有一台电脑"，这也成为微软的初始使命，在使命的驱动下，一个伟大的企业诞生了。在企业从 1 到 100 跨越的创业阶段，CHO 的主要任务就是将创始人精神提炼、凝结成企业的愿景、使命、价值观以及管理理念，并在组织内达成一致，使创始人精神清晰化；同时，建立企业文化管理机制和传播通道，实现创始人精神的快速复制，把创始人个人精神与能力变成公司整体的精神与能力，支撑企业做大做强。

吴春波作为华为长期的高级管理顾问，总结了华为企业文化落地的 9 个方面的经验：

- 第一，建立宪章。
- 第二，高层以身作则。
- 第三，高层传播。
- 第四，舆论宣传。
- 第五，制度牵引。
- 第六，培训引导。
- 第七，荣誉激励。
- 第八，行为规范。
- 第九，仪式浸染。

这些经验其实可以为大多数 CHO 所借鉴，CHO 应当抓住一切可以

利用的途径，让创始人精神渗透到组织的每一个角落，成为企业发展的灵魂，同时帮助创始人从家长式治理的模式中解脱出来。

零售业的传奇人物山姆·沃尔顿先生于 1962 年创立沃尔玛。经过 50 多年的发展，沃尔玛公司已经成为世界最大的私人雇主和连锁零售商，多次荣登《财富》杂志世界 500 强榜首，多次当选最具价值品牌。可以说，沃尔玛的创始人精神贯穿了整个企业的发展脉络，在这当中，沃尔玛的全球 CHO 发挥了至关重要的作用，CHO 利用每一场企业文化培训，口述创始人的故事，将山姆·沃尔顿的管理哲学传达给每一名员工。

关明生[一]：帮助马云把个人的价值观变成阿里巴巴的价值观

2001 年 1 月 8 日是我到阿里巴巴上班的日子。1 月 6 日我就来了，住在招商宾馆，就是在文三路华星科技大厦旁边臭水沟边的一个旅馆，这个旅馆是一个晚上 120 元人民币，我在那边住了两年。1 月 13 日，星期六，这天我是永远会记住的。马云、我、蔡崇信、吴炯，还有金剑杭、彭蕾，我们 6 个人在办公室，在马云和我的办公室外面谈。马云滔滔不绝地在讲公司文化，讲阿里巴巴的文化。

马云是很能讲的，我就问了马云一句话：我们的文化这么厉害，有写下来吗？这句话让马云停了大概一分钟，他想了半天，然后说，没错，是没有写下来。我说，是不是可以现在写下来？马云就跟我说好，写下目标、使命、价值观。

目标是什么？马云说，80、10 跟 1。这是他很多年前讲的话，但是我感觉就好像是在前几天讲的话一样。80 就是发展 80 年的企业，10 就是十大网商之一，1 就是只要是商人就都要用阿里巴巴。

[一] 关明生，2001—2003 年任阿里巴巴总裁兼首席运营官，2004 年出任首席人力官，现任阿里巴巴独立非执行董事。之前，关明生曾在 GE 任职 17 年。

后来马云发现，他创办阿里巴巴的时候是1999年，是20世纪的最后一年。然后如果跨过现在这个世纪的100年，我们可以用最短的时间横跨3个世纪，就是102年。我们的使命就是让天下没有难做的生意，这个就是我们的价值主张，这个就是我们的梦。我们天天在做这个梦，天天在实践这个梦，我们现在已经有几乎3万名同事天天在想办法让天下没有难做的生意。

马云说到很多价值观，后来金剑杭拿着一沓纸，大概几十张，都是价值观。我跟彭蕾一人拿一半，我们花了7个小时把这些价值观都写在玻璃板上。到最后，我们做了9个价值观。马云跟我都是金庸迷，我们两个人就马上说，叫"九阴真经"。可后来我们一想觉得不对，"九阴真经"不能做我们价值观的名字。最后马云选了"独孤九剑"，这个价值观我们用了4年。

2005年，我们开了一个员工大会，300多个同学在一个小小的会议室里面，花了一整天的时间，把9个价值观浓缩到6个，就变成了"六脉神剑"。这其中最重要的是客户第一，团队协作和拥抱变化是支持这个客户第一的公司行为，个人行为上还有激情、诚信、敬业。这些价值观从2005年一直沿用到今天。

在阿里巴巴，业绩好价值观又高的就是明星，很有价值观高但没有业绩的是"小白兔"，价值观和业绩都不好的就是"狗"。这样的评估我们每3个月做一次。很多人问我为什么阿里巴巴的价值观能够持续这么久，我想就是因为我们每3个月都会告诉大家，他在价值观上面做得怎么样。而且这个问题不只是问同学，而是所有的主管都会被问同样的问题。

一个很早期跟价值观有关的问题是"应该行贿吗"。这是2001年2月，在天气很冷的那个冬天，我跟马云、蔡崇信三个人，在9楼很冷的一个会议室讨论的问题。因为我们很"抠"，所以不开暖气、穿着大衣开这个会议，就讨论这一个问题：我们应该去行贿吗？

当时我们没什么销量，没有收入，正处在互联网的严冬。这个问题我们仨足足讨论了一整天。马云呢，是既不"电子"又不"商务"，所以他对生意是不知道的，蔡崇信是耶鲁大学的法学博士，我在GE做了17年，我们对这个方面有一定的认识。最后马云问得最重要的问题是："行贿出了问题的话，谁坐牢？"我跟蔡崇信都指着马云说："你坐牢。"马云就举起两只手问："要是我坐牢的话，你们会不会来探我？"我跟蔡崇信说："要是事情这么严重，是你坐牢的话，我跟蔡崇信到里面去等你，我们会先被关进去。"

这个问题回答后，对于行贿的问题就有了答案——坚决反对行贿——这是阿里巴巴公司政策的第一条。

价值观是管辖行为的，无论你身在何方都是可以预测的，这是一个游戏规则，同时也是把我们团结在一起的一种力量。

资料来源：2012年9月8日在第九届网商大会上，关明生《互联网时代的商业生态》的演讲，有删改。

2. CHO帮助创始人从"先事后人"到"先人后事"

管理大师吉姆·柯林斯在《从优秀到卓越》一书中提出先人后事的理念和做法。在商界，几乎所有的企业和团队都是先制定好一个新的方向、新的愿景和战略，然后找到合适的人，再朝这个新的方向前进，即先事后人。但是，柯林斯发现实现从优秀到卓越的公司都是采用"先人后事"理念，也就是说，企业首先是要招聘和留住合适的人选，然后再决定企业的发展方向和战略。企业在创业期依赖创业者个人，但随着公司规模的扩张,创始人必须从"先事后人"转到"先人后事",正如阿里巴巴董事局主席、首席执行官张勇所说,随着组织的发展壮大,要从"做事用人"转换为"用人做事"。因此,作为CHO,应该帮助企业家及时甚至提前配置人才队伍,以保障企业发展的内在驱动力。

贝佐斯:招聘是亚马逊成功的关键

2007年,全球第二大互联网公司亚马逊的CEO杰夫·贝佐斯接受《哈佛商业评论》的采访,当被问到他是如何成功地完成从创业者到管理者再到决策者的转变时,他这样说:"当你创业时,只是个人的事情……你不仅要谋划做什么,还要付诸行动……公司规模扩大,大多数时候是在琢磨做什么,而不是怎么做。最终,绝大多数时候是在考虑让谁来做,而不是做什么。所以,可以把这一转变看作从问'怎么做'到'做什么'再到'谁来做'的过程。随着业务的扩大,只有这一条路可以走。"

贝佐斯在写给亚马逊股东的公开信中也表明,他将致力于招聘和培养最优秀的员工及管理人员,他写道:"在互联网这种活力四射的环境中,没有杰出的人才是不可能做出成果来的……在人员雇用上我们设置了一道很高的门槛,这一点无论是过去还是将来,始终都是亚马逊成功的唯一要素。"

CHO在配置人才队伍的过程中需要注意的是,招聘和培养具备创始人精神的员工才是根本之道,正如谷歌工作法则"成为一名创始人",谷歌要求员工把自己看成一名创始人,像创始人一样思考和行动。无独有偶,龙湖地产早期所倡导的人才选拔的第一标准就是要找到或培养那些将公司事业作为个人事业的"操心员工"。当然,企业不可能要求所有的员工都具有真正的"创始人精神",更多的还是通过企业文化的落地措施将创始人精神延伸或转化为企业的核心文化和相应的行为标准，并以此为标准选拔和培养人才，这是创始人精神复制到组织精神的坚实基础。

复制优势群体的能力

组织存在的价值是实现整体大于局部和个体之和，甚至是实现整体等于或大于个体相乘。只有将每个人的优势复制为组织中所有人的优势，打造整体优势，员工从组织中吸取能量，同时尽量避免个体失败在其他人身上重复出现，降低经营和管理成本，才能实现组织能力的乘数效应，帮助企业更好地跨越从 1 到 100 的增长阶段。这里的个人优势可以是某个人的能力、经验优势，可以是某个关键群体的创新、方法优势，也可以是某个区域的经营模式优势等。CHO 的职责是建立机制，搭建平台，让个体优势迅速转化为组织优势，帮助企业做强。

1. 谨防重复的失败

我们经常发现，很多企业往往在过去的或重复的错误中徘徊不前，有些是因为没有及时改进的意识和行动，有些是由于企业内部信息的不对称，抑或标准化能力的薄弱，导致在错误发生后，未来仍有较大概率"重蹈覆辙"，我们称之为"重复性的失败"。当然，企业或组织中也一定会有一些成功的做法，但是如果这些好的做法不能在企业或组织内部快速得到复制，那将导致团队中有些人在快速奔跑，有些人在瘸腿前行，大大降低组织整体的速度，我们把这种成功称为"短暂的成功"（见图 6-2）。无论是"短暂的成功"还是"重复性的失败"，归根结底都是组织能力不够强大，以致没能把失败转化成财富、把成功转化为能力，必将影响企业或组织的长远持续发展。

图 6-2 成功-失败矩阵

因此,在组织内部,面对某一模式或者某一个群体的成功,要有意识地进行固化与沉淀,面对失败及时复盘与总结,在机制层面予以完善,避免再次发生,让失败变得有"意义",从而避免"重复性的失败"。

2. 让优势快速复制

我们深知个人优势转化成组织优势所蕴藏的价值,那么 CHO 如何在组织内迅速地完成优势能量的转化,简单来说就是发现优势,进而快速复制。

(1)**发现优势**。CHO 需要在组织内部建立信息透明机制,使得信息能够快速被获取。为获得全面而真实的组织信息,一方面要求整个 HR 团队主动深入了解业务,了解公司整体运营情况,及时洞察企业内部好的做法;另一方面要鼓励内部人员主动申报好的做法,这种主动申报既可以是管理导向的要求,即要求各团队定期汇报好的做法,也可以是激励导向的引导,比如定期评选最佳实践并予以激励等。

A.O. 史密斯公司一直推行的 CI(continuous improvement,持续改善)项目,已经成为其深入骨髓的企业文化,通过在全公司包括分支机构的采购、生产、销售、物流、服务等各个环节展开 CI 项目,使得组织的创意思维被应用于实践中，最佳实践被不断总结和推广，这也是 A.O. 史密斯公司在激烈的竞争中始终保持优势的原因之一。A.O. 史密斯公司的总经理丁威认为："持续不断地提出好点子不是靠一两个人，而是靠一批人。"同时，配套的激励机制也十分重要。A.O. 史密斯公司有一本"CI 积分奖品手册"，制定了细致严谨的 CI 积分奖励框架，并列出小到钥匙扣，大到笔记本电脑等多达 29 种奖品，供员工用参与 CI 项目取得的积分换领。除此之外，员工的晋升体系、职业发展培训等也都考虑了员工在 CI 项目中的表现，基于这样的激励机制，鼓励员工关注每一处细节，习惯于打破陈规，让企业在不断的创新中保持活力。

（2）**快速复制**。发现群体优势之后，CHO 需要第一时间研究其快速复制的可行性，一旦可行，则在企业内部快速推广。

海底捞"师徒制"的店长复制模式

对于连锁企业，店长是战略性的人才，店长的培养质量和速度，关乎门店的扩张速度。2018 年，海底捞新开业 200 家餐厅，全球门店网络从 2017 年末的 273 家增至 2018 年末的 466 家。海底捞开店速度惊人，能够在短时间内新开这么多店，其中最为关键的原因之一就是海底捞快速培养店长的能力。海底捞采用老带新的"师徒制"培养新店长，而其中的激励模式产生了较大的牵引作用。

店长的薪酬与门店盈利能力挂钩，主要包括基本薪资加餐厅利润的一定比例。具体的激励方案有两个选项，任选其一。

选项 A：其管理餐厅利润的 2.8%。

选项 B：其管理餐厅利润的 0.4%，其徒弟管理餐厅利润的 3.1%，其徒孙管理餐厅利润的 1.5%。

由此可见，店长不仅可以对自己管理的门店享有业绩提成，还能从其徒弟、徒孙管理的门店中获得更高比例的业绩提成，不仅激励店长管理好门店，还使店长有动力培养徒弟。因此，海底捞认为，这种自下而上、以店长自主发起的"师徒制"培养店长方式，是公司实现快速开新店的关键。这种模式是海底捞实现能力复制的有效手段，让优秀的店长培养优秀的店长，通过树立标杆，并结合有效的激励机制，形成自主发展能力、培育能力的内部氛围，实现优势能力的快速复制。

资料来源：海底捞店长月薪可达12万，"师徒制"分成为关键.新浪财经，2019-09-22，有删改。

华为复制铁三角项目管理模式

优势能力不局限于组织内的某一群体，在企业内部将局部创新的成果转化成公司整体优势，可以让组织的乘数效应更强。众所周知的华为铁三角项目管理模式，以客户经理（AR）、解决方案专家/经理（SR/SSR）、交付专家/经理（FR）为核心组建项目管理团队，形成面向客户的以项目为中心的一线作战单元，从点对点被动响应客户到面对面主动对接客户，以便深入、准确、全面地理解客户需求。铁三角最早的雏形是在华为公司北非地区部的苏丹代表处，2006年8月，业务快速增长的苏丹代表处在投标一个移动通信网络项目时未能中标，归结原因是内部部门存在协作障碍，各自为战。为此，苏丹代表处决定打破楚河汉界，以客户为中心，协同客户关系、产品与解决方案、交付与服务，甚至商务合同、融资回款等部门，组建针对特定客户（群）项目的核心管理团队，实现客户接口归一化，更好地服务客户。

铁三角模式的效果很快就显现出来，2007年苏丹代表处通过铁三角模式获得苏丹电信在塞内加尔的移动通信网络项目。其后，华为在全公司推广并完善铁三角模式，完成了这种项目管理模式在组织内的复制，把局部创新的成果复制成组织的优势，提升了华为面对客户的作战能力。

（3）**打造持续产生优势和复制优势的能力**。CHO要把个体优势复制成组织优势的偶然事件变成持续的机制，要能够持续地将个体优势或局部优势复制成整体优势。为此，CHO需要打造分享和复盘的文化，建立知识分享和沉淀的机制与制度，提供高效率的信息化工具，推动领导者以身作则，并把此项工作作为人力资源的工作重点。

第二，将短期增长塑造成长期增长

英国著名的管理大师查尔斯·汉迪于1997年出版了《第二曲线》一书，第二曲线理论认为一切事物的发展都逃不开S形曲线——如同生命从诞生、发展、成熟到衰亡，也叫"第一曲线"。对于企业增长，同样如此，如果组织和企业能在第一曲线到达巅峰之前，找到带领企业二次腾飞的"第二曲线"，并且第二曲线必须在第一曲线达到顶点之前就开始增长，弥补第二曲线投入初期的资源（金钱、时间和精力）消耗，那么企业永续增长的愿景就能实现。

企业必须跃过那些由成功铺设的"陷阱"，开辟一条与当前完全不同的新道路，为组织和企业找到实现业务持续增长的第二曲线。在此过程中，企业原有的业务、技术等难免由强而衰，但是组织可以通过持续变革来保持活力。CHO需要时刻关注组织的状态，避免让组织陷入机构臃肿、效能降低、成本增加等陷阱中，通过洞察组织发展中的风险并适时推动变革，保持组织健康和活力，从而为企业寻找第二曲线提供坚实的组织保障。

洞察快速发展的陷阱

企业在发展过程中,经常面临各种危机,尤其是在这个变化越来越快的时代,危机无处不在。《创始人精神》一书总结了快速发展中的企业经常面临的三大危机:

- 第一,高速发展的超负荷危机。
- 第二,低速或减速增长的失速危机。
- 第三,老化和衰退的自由落体危机。

其中,对于刚刚跨越创业期的企业来说,高速发展的背后往往是超负荷危机。这一点对于快速发展期的企业显得尤为突出。如果无法逃离,则企业势必走向衰老和灭亡。

为什么规模化或者发展成熟期的企业会面临这样的问题?一方面,随着企业规模扩大,企业运作的复杂性不断增加,效率降低,企业中各种冗余的系统、人员随意增加,流程庞杂等,企业开始在暗处酝酿风险。而这些风险往往难以引起企业的重视,因为良好的财务数据掩盖了这些风险,再加上快速发展中的企业往往把目光都放在增长的速度上,而非居安思危地做好充分的准备来应对这些风险。我们把这种情况称为"繁荣陷阱",犹如一些发展中国家的人均收入达到世界中等水平后,由于没有顺利实现经济发展方式的转变,导致新的增长动力不足,最终出现经济停滞徘徊,陷入"中等收入陷阱"。

另一方面,过往的成功容易让企业受限于已有的经验,形成成功路径依赖。过去的计划和措施已不能适应形势变化的需要,但这些计划和措施被认为是永恒的原则,并且是神圣不可侵犯的,组织和组织中的个体,都被昨天的成功所定义,这些给我们带来荣耀的东西转眼间就成为无形的囚笼。这种来自组织内部的认知障碍,往往加剧了组织的复杂与僵化,使企业在面对环境的新变化时无力抵抗。

逐渐褪色"GE传奇"

2001年伊梅尔特接手GE时，GE股价为每股40美元，2018年年底还一度跌破8美元，总市值650亿美元，只有顶峰时期的1/10略多。2017年其市值缩水1000亿美元，2018年再度缩水60%，900亿美元随风而去。它还创造了多项不光彩的纪录：2018年6月26日被踢出道琼斯工业指数（DJIA），122年的光荣历史终结了。与此同时，GE的信用等级大幅下调，可能引爆债务危机。受益于良好的经营状况与品牌形象，GE享有半个多世纪的3A评级，其融资成本低于花旗、摩根大通、伯克希尔－哈撒韦等任何一家纯金融公司。然而，从2018年3月开始，标准普尔、穆迪先后将其降级，10月进一步下调，目前仅为BBB+，只比垃圾级高三档。然而考虑到它的巨大规模（负债总额超过1000亿美元），实际交易价格已相当于垃圾债券了。

从外部来看，GE走向衰落主要是因为在互联网时代产品创新不足，业务未能及时调整，新业务的拓展跟不上时代的快速发展；从内部来看，管理者思维传统、改革阻力较大也是将GE推向危机的重要原因。

无论是曾经的商业帝国GE，还是红极一时的诺基亚，抑或是无数"壮志未酬身先死"的中小企业，发展壮大过程中都面临各种各样的管理危机，共同的现象是"不是你老了，所以变得僵硬了，而是你变得僵硬了，然后你变老了"。

为了避免这个风险的发生，CHO需要及时洞察企业发展过程中的发展陷阱，尤其是成熟企业的发展陷阱。我们提供一份企业发展风险自测表

（见表 6-1），CHO 可将此作为企业发展风险的自测工具之一。如果得分在 20 分以上，则需要高度警惕，你的组织可能在超负荷或者失速，甚至是衰落。

表 6-1　企业发展风险自测表

现象	评分				
	完全同意 5分	基本同意 4分	不确定 3分	不同意 2分	完全不同意 1分
1. 创始人精神开始丢失					
2. 学习欲望减退					
3. 形成不了核心竞争力					
4. 主营业务在走向衰落					
5. 现金流存在风险					
6. 官僚主义风气，人浮于事					
7. 组织架构庞大					
8. 内部协同越来越难					
9. 对发展速度的要求高于质量					
10. 人才梯队储备不足，有断层风险					

企业的衰落看起来是一夜之间造成的，实则酝酿已久，一个敏锐的 CHO，应该强化危机意识，保持高度的组织敏锐性，随时监控，及时与 CEO 沟通，并适时推动组织变革。正所谓"天气好时，正是修屋顶的好时机，别等雨来了再修"。

推动组织变革

面对组织在成熟阶段存在的问题，企业只有通过创新和变革才能摆脱企业成长规律的宿命，才能摆脱企业自然衰落的惯性。因此在组织面临发展危机的时刻，CHO 要懂得利用组织变革撬动企业增长的第二曲线，突破短期增长，保障企业持续的成功。

当然，在推动组织变革方面，每家企业面临的实际情况差异很大，我们无法给出组织变革的标准答案，但我们需要明确 CHO 在组织变革中扮演的重要角色。

1. 做组织变革的设计师

组织变革有自上而下，也有自下而上，变革很难一步到位，可以循序渐进，但循序渐进不代表局部变革。局部的、单一的变革犹如沧海一粟，真正的变革其实是牵一发而动全身的，比如战略的调整，会相应地要求组织架构的调整、流程的优化、人岗的匹配以及激励制度的调整等，甚至要求整个企业文化的变革。

正如 20 世纪 90 年代面临发展困境的 IBM，当时计算机业务竞争过于激烈，IBM 利润严重下滑，出现了连续 3 年的亏损，当时的 CEO 郭士纳决定带领公司进行转型，从以生产为中心的硬件制造商转变为以客户为中心的服务提供商。为此，IBM 做了如下变革。

- 战略方面：说服董事会，打造服务战略，在公司内部建立信心与共识。
- 业务转型：出售非核心业务、并购、重组、建立组织能力。
- 组织方面：强化服务部门，将服务部门从销售部下的子部门逐渐强化为与销售部并列的核心部门。
- 文化方面：塑造由层级、官僚、规范转向灵活、客户导向的企业文化。

变革从来不是单一维度，向来都是系统性工程。因此，CHO 要做好组织变革的设计师，在提出组织变革方案的同时，一定要对企业整体状况做深入分析，评估组织变革中的风险和阻力，在此基础上提出整体的变革方案。系统的组织变革方案应该包括战略层面、组织层面、人员层面以及文化层面，四个层面的要素需要通盘考虑，缺一不可。

2. 做组织变革坚定的推动者

伟大的企业之所以伟大，不是因为它的过去，而是因为它在不断的重塑当中寻求新的突破。而在这个过程中，企业一定会面临巨大的阻力。一方面，变革相当于重新洗牌，会触碰既得利益者的权益；另一方面，心理学的研究表明人们面对变革的第一反应往往是拒绝，同时，随着变革进入深水区，还可能触碰各种暗礁。马云在一次公开演讲中给企业家提出几点建议，"如果你要做管理上的变革，那么就先问一下你自己：第一，人调整了没有？第二，组织调整了没有？第三，KPI调整了没有？我发现很多企业每年讲自己有新战略，但是从来不换人，不调组织，不调KPI，等于没换。把这些事情做好了，管理的变革也就顺水推舟了"。CHO作为组织变革坚定的推动者，要协助CEO破除阻力，不能因为变革的阻力而对变革的执行打折扣，一点的妥协很可能带来全线的崩盘。

为了更为顺利地推动变革，CHO首先要准确区分改革的支持者、中立者以及反对者，争取一切可以争取的力量，借力打力，采取各种方式推动变革，及时清除变革阻碍。例如共启变革愿景，通过各种主题活动、专题演讲等形式充分地传播变革的必要性，尤其要凸显变革为管理者和员工带来的益处。在变革过程中，也要借助CEO的示范带头作用，彰显企业变革的坚定决心。同时，CHO必须身体力行，抱着不破不立的决心，坚定地执行组织变革，成为变革的坚决拥护者。

解冻帮助万科顺利转型

万科以贸易起家，搞过工业，办过商场，也尝过股权投资的甜头，但最终将房地产确立为集团主导业务。1996年，在国内率先走"多元化"道路的万科，主动否定"多元化"，从业务架构、管理框架和地域分布等不同角度进行调整，先后剥离了包括万佳商场在内的多项非房地产业务。

这时，升任人事部经理的解冻，首先面临的是如何处理万科朝房地产专业化公司转型过程中的人员分流与安置问题。解冻和同事们缜密地将各种问题考虑在前，既站在公司的立场上坚定地执行业务剥离中的人力资源政策，又切实为员工着想，力求避免出现较大的士气波动。

解冻认为，即使万科剥离了一些非房地产业务，也不能把老员工"一刀切"地裁掉，而应给他们提供一些培训和转岗的机会。解冻的这一想法和万科高层不谋而合，于是，他主持了一系列大规模的技能培训，然后再对员工加以考核，留下那些适合做房地产业务的员工。紧接着，解冻就开始处理不适应万科要求的老员工的安置问题。对此，解冻带领人力资源部做员工的思想工作，给他们解释公司的转型战略，并将经济补偿等工作做到实处，争取让每一位员工离开万科时虽然不舍，却都能面带笑容。至于那些工作在被剥离项目中的员工，解冻则主张采取"员工跟着项目走"的策略，这有效减轻了万科的转型压力。

这一过程中，解冻处理重大人力资源管理问题的能力得到了全面提高，他凭借扎实细致、有条不紊的职业化作风，不仅带领人力资源部成功地为万科的战略转型保驾护航，也得到了广大员工和领导的肯定。

第三，将一代人的成功传承为持续的成功

企业的经营既不是一场马拉松，也不是一场百米冲刺，而是一场接力赛。大企业做大规模，强企业提升效率，好企业能够传承成功。因此企业的发展不只是一个阶段的胜利，或者一代人的成功。但每代人都有自己的

终点,无法靠一个人或者一代人跑完所有的赛程。为了实现企业的基业长青,需要把一代人的成功顺利交接给下一代人,从而帮助企业跑赢这场接力赛,这也是CHO在企业成熟阶段打造组织能力的关键。

找到合适的接班人

香港中文大学范博宏教授研究了1987年到2005年间发生在中国香港、新加坡和中国台湾的217个家族企业继承案例,他发现,企业在所有权和控制权发生代际变更的前五年和后一年,经市场指数调整的公司股价平均下跌了56%。范博宏教授指出"企业价值在继承过程中的减损程度令人惊心"。

美国开展了一项关于世界500强企业传承与企业绩效关系的研究(见表6-2),结果表明,创始人担当CEO时,企业的绩效表现最佳,外聘CEO时,企业的绩效表现次之,家族继承人担当CEO的情况下,企业的绩效表现最弱。

表6-2 企业传承与企业绩效的关系研究

类型	企业绩效(用托宾指数Q表示)			总计
	创始人担当CEO	家族继承人担当CEO	外聘CEO	
创始人担当董事长	3.12 (215)	1.61 (10)	2.81 (73)	3.00 (298)
家族继承人担当董事长	—	1.74 (306)	1.81 (78)	1.76 (384)
外聘董事长	—	—	1.94 (359)	1.94 (359)
总计	3.12 (215)	1.74 (316)	2.04 (510)	2.17 (1041)

备注:托宾指数Q=市值/资产价值。例如3.12表示资产1个亿,市值3.12个亿;括号中的数字表示企业数量。

选择合适的接班人,对企业的基业长青来说,具有至关重要的作用。

接班人选错了，企业不仅难以持续成功，更会走下坡路。微软、苹果、星巴克等多家公司都遭遇过继承人危机，因此，寻找接班人更应该未雨绸缪。正如马云所说，寻找接班人要"尽早考虑，趁着最年轻、最年富力强的时候进行，就像准备生孩子一样。"

CHO在这当中的任务主要分为两个方面：一方面是寻找优秀的接班人，另一方面是打造接班人制度，确保企业成功传承。

第一，CHO与CEO要首先共同明确接班人的选拔标准。 拉姆·查兰在《识人用人》中提到一个案例：丹·费伦曾担任葛兰素史克公司的CHO，10年前曾与董事会一起经历了寻找CEO接班人的过程，首先确定对CEO的具体要求——2+2+2，即理想的候选人应当至少管过2个业务，承担过2个职能，并在2个以上的国家或地区工作过。当然，CEO是一个领导岗位，要重点关注接班人的领导力，同时需要关注接班人与企业文化的适配性，因此这决定了我们更倾向于从内部选拔接班人，最后，再去关注他们冰山上的素质。

第二，要把接班人的选拔作为与战略同等重要的一项基本任务，明确选拔与培养流程，提高董事会的关注度。 宝洁公司建立了一项严格的继任流程，以确保能随时拥有一个强大的内部CEO候选人的名单。在界定董事会的四项核心职责时，宝洁公司把CEO继任放在首位，其次才是战略监管、公司治理和风险管理。宝洁公司对董事会的工作方式进行了调整，每年的第一次会议都致力于讨论CEO继任和高管领导力发展事宜。

第三，打造持续产生接班人的制度。 马云在2019年9月10日卸任阿里巴巴集团董事局主席仪式上讲道："今天不是马云的退休，而是一个制度传承的开始，今天不是一个人的选择，而是一个制度的成功。"2018年，马云在达沃斯论坛上讲道："我们有一批一批的人才，可谓良将如潮，若我算第一代，那么阿里第五代领导人梯队建设都已经做好了，这个是因为只有接班人的体系建好才有可能。"通过制度、文化和人才，阿里巴巴顺利地从马云传承给张勇，实现了一个企业的顺利传承。

软银通过培训学院培养接班人

日本软银 CEO 孙正义早在 2010 年就宣布建立软银学院，由文博青野负责。文博青野是一位资深的人力资源专家，在过去 10 年中，他任职于软银公司，负责招聘、综合和总裁办公室的事务。文博青野希望通过软银学院来打造孙正义的接班人，为软银日后的发展奠定良好基础。软银学院吸收了大量的会员，培养、培训的方式多样，比如夜校课程、真人职场面试、重要的历史人物与历史知识学习等，同时还加入一些定制的模拟职场管理的棋盘类游戏，软银总裁孙正义还会不定期参与进来，与学员讨论商业运营案例。同时，学院设立末位淘汰机制，每年度总排名末位 20% 的学员将面临被淘汰的危险。软银学院通过激烈而透明的竞争，为软银挑选和培养能够担当重任的下一代接班人。

IBM 通过"长板凳计划"选拔继任者

IBM 的"长板凳计划"旨在持续选拔优秀的领导继任者，该计划要求所有主管级以上员工将培养下属作为自己业绩的一部分，每个主管级以上的员工在上任伊始，都有一个硬性目标，确定自己的位置在一两年内或三四年内，甚至自己突然离开了，可以由谁接替。"长板凳计划"实际上是一个完整的管理系统。IBM 的接班人计划不仅仅是企业的一号位候选人，包括主管级以上的所有重要职位，选的是一个"接班群"。据悉，每年 IBM 大中华区人力资源部和大中华区 CEO 要讨论的接班人数量为 40 多位，由于接班人的成长关系到自己的位置和未来，因此主管级以上的员工会尽力培养他们的接班人，帮助同事成长，这便将人才培养和工作绩效的提高融为一体。

CHO 不仅要把协助企业家选拔接班人作为自己的目标，更重要的是建立接班人的制度、体系和流程，用制度保障接班人的持续更替，制造出持续产生接班人的"钟"。

CHO 还要找到自己的接班人

有些 CHO 个人能力出众，帮助公司塑造文化、引进人才、提升员工能力，推动组织变革，帮助 CEO 找到接班人，但是在自己岗位的继任上发现并没有合适的人选，不得不从外部招聘储备 CHO，甚至出现一旦自己离开则无人可代替的情况，从这个角度来讲，这样的 CHO 也不能称为成功的 CHO。从外部来看，如果一家公司负责人才管理工作的 CHO 都要通过外部招聘来选拔，那么会加大外部人才对这家公司人才管理能力的担忧；从内部来看，HR 人才梯队建设的缺失或不健全，对于公司各层次的 HR 人员来说也是一件比较令人沮丧的事情。缺乏晋升和发展的空间，往往会使 HR 离开公司，削弱公司 HR 团队的凝聚力。

CHO 要想培养自己的继任者，打造卓越的 HR 团队，则需要重点开展以下几项工作。

1. 建立足够数量的 HR 团队

强企先强人，强人先强 HR。建立足够数量的 HR 团队是人力资源工作高效运转的保障，CHO 要根据公司的业务规模、商业模式、发展需求匹配人力资源岗位的人数和分工。例如，谷歌 CHO 拉斯洛·博克认为"人才招聘是任何组织当中唯一最重要的人力活动"，因此谷歌建立了足够数量的人才招聘团队。2009 年，在谷歌人才招聘量大的时候，谷歌称公司的招聘团队约为 400 人。谷歌顾问约翰·沙利文（John Sullivan）估计，包括合同工在内，谷歌员工与招聘专员的比例大概为 64：1。再如，阿里巴巴"政委"和员工配置最高的阶段的比例是1∶60～1∶50。当人力资源团队比较弱小的时候，很难推动组织变革，也很难建立完整的人力资源体系。当然建立足够数量的HR团队并不意味着超编和冗员，CHO还要善于利用信息化工具和技术来提升HR团队的效率。

2. 推动HR和业务的双向轮岗，以此作为人才培养的关键方式

CHO要推动HR轮岗到业务部门，或让HR承担一些业务类的工作，作为提升HR业务能力和视野的关键途径。同时，去业务部门轮岗的HR也会把人力资源的一些理念和做法带到业务部门，提升业务部门的人力资源管理能力。在通用电气公司，比尔·康纳狄坚持让HR专员在培训期间去别的部门完成一项任务，这样就可以丰富HR专员的商业合作经历，树立其在业务部门的可信度。

此外，CHO也要推动业务管理者到HR部门轮岗，这样不但能提升业务经理的人力资源管理能力，贯彻公司的人力资源理念，还能把业务思维和知识带到人力资源部，提升人力资源部的业务能力。此外，这种方式可以培养大批具备人力资源管理能力的领导者，为公司各个层次培养接班人。

推动HR和业务管理者的双向轮岗，并形成公司固化的培养人才的方式，就能源源不断地培养出具备业务能力的人力资源专业经理人，也能培养出具备人力资源管理能力的领导者，从而形成有力的人力资源管理团队，提升公司整体的人才管理水平，使CHO的继任者选择范围变得更大。

华为通过业务和HR的双向轮岗建立HRBP团队

HR要由"伙计"转为"伙伴"，一个最大的难题是专业HR不懂业务，无法针对业务需求为各部门提供有针对性的人力资源

解决方案。任正非曾在一次内部会议上批评说："我调查了一些基层HR，基本上不主动学主航道业务，工作时间、业余时间也不下战场，用主观意识管控、行使权力，而不是服务。不懂业务怎么服务呢？你不懂什么人是人才，怎么用好他呢？每年流走许多人，流走的会不会是'油'呢？那么人力资源专业人员应该怎样为业务服务呢？首先自己要深刻明白人力资源管理的模板、方法，帮助业务主管识别员工、评价员工。怎么帮助？你不懂作战，如何对选拔的干部、专家、职员做客观的评价呢？如果主管一对照模板，觉得画得挺像，就照着模板自己画，也学会了用模板去看干部，这样你的作用就发挥了。"

因此，建设HRBP的首要问题是，懂业务的HR从哪里来？

华为人力资源委员会委员、当时负责HRBP体系建设的李山林回忆："当时我们从干部部抽调一批HR到一线做HRBP，另外从业务部门转一些管理者做HRBP。虽然这样会导致业务人员减少，但是现在回头看，这在当时是比较艰难却很有远见的决策。另外，我们也'妥协'了一下，转过来的干部，继续支撑本产品线，只在本产品线内交叉到另外一个部门做HRBP，就是说网络产品线A部门的管理者，继续在网络产品线，但是到网络产品线B部门做HRBP，这样业务部门就有动力输出优秀的管理者做HRBP。"

怎么解决业务主管不愿意转做HRBP的问题呢？

华为在内部达成一种机制，即优先选拔有人员管理经验的优秀管理者做HRBP，同时承诺在HRBP岗位工作约两年时间，可以选择回业务部门，以此解除他们的后顾之忧，吸引更多的优秀人才加入。示范效应慢慢开始起作用，华为用一年时间基本把全部HRBP配齐了。

华为如何解决业务主管转做HRBP担心"做不好"的问题呢？

毕竟以前做业务，对HR不了解，业务主管转做HR，担心万一干不好反而"阵亡"，这是一个非常普遍的现象。"为了解决这个问题，我们首先确保业务主管来了之后能力确实能提高，无论是人力资源战略（BLM项目）、教练式辅导，还是TSP（干部继任计划）、MFP（经理人反馈项目）、PLDP/PMDP、关键岗位的角色认知等项目，通过很多专业工作来提升HRBP的人员管理、团队建设、组织发展等水平，提倡每打一仗就总结一次，在实战中提升能力（第一次跟着别人做，第二次在别人的辅导下做，第三次自己独立做），尽快提升HRBP的能力。我们提出来，要让大家感受到HRBP工作经历对自己的能力是一种提高，同时也认同HR工作的价值。理解了业务部门的想法和各方利益诉求后，整个变革就比较顺利，属于和平'演进'。"

业务主管懂业务，了解业务需求，再通过赋能，掌握人力资源的政策、工具和方法，就能与业务做好连接，从而解决HR和业务两张皮的问题。HRBP由于在业务一线，也能及时了解需求，有针对性地提出解决方案，使业务部门可以充分体验到HR的价值。

3. 从内部至少培养三名继任者，以便随时接替自己

CHO要提前筹划，根据CHO的人才画像，从公司各个层级选择出能接替上一层级的HR人选，最终选定三名能接替自己的继任者，从而保障CHO岗位的顺利交接，减少只有一位继任者可能带来的风险。

优秀的CHO能够不贪恋职位和权力，打造不依赖于自己的人力资源体系，并注重CHO继任者的培养，从而使公司的人力资源体系能够顺利

地传承，保障公司组织能力的延续和发展。

通用电气CHO比尔·康纳狄精心选择继任者

GE（通用电气）强大的HR团队一直为企业界所津津乐道，为谷歌等公司培养和输送了大量的CHO人选。GE非常重视人力资源管理的价值，把CHO作为公司的战略伙伴，为HR提供了一流的培训，形成了通用电气HR的雇主品牌，HR的从业者无不以加入GE为傲。康纳狄坚持用轮岗的方式培养HR专员，并且给自己定了培养三四名CHO接班人的目标。

为了培养和选定CHO的继任者，通用电气的CEO杰夫·伊梅尔特和CHO比尔·康纳狄花了很长时间来讨论人选。

杰夫·伊梅尔特和比尔·康纳狄根据公司未来发展对CHO的要求——持续吸引优秀的人才，让通用电气成为全世界的最佳雇主，并且成为商业伙伴，制定了CHO的胜任标准，并罗列了一些具体详细说明。杰夫·伊梅尔特和比尔·康纳狄根据这些标准，最终从优秀的HR中锁定了约翰·林奇。

现在虽然比尔·康纳狄从GE退休，但GE的人力资源体系仍然照常运转，这得益于比尔·康纳狄能够培养和选择出优秀的继任者。

公司的发展不能只建立在对领导者个人的期待上，CHO还需要通过有效的机制加以保障，用组织的理性来替代领导者个人的感性，把选择各层级接班人作为一种固化的制度，保障组织的顺利传承。

打造传递文化的合伙人团队

为企业寻找接班人，CHO需要注意，选择的应该是一个接班人团队，而不仅仅只是一个接班人，所谓不能将鸡蛋放入同一个篮子当中，接班人选拔同样如此，不能将希望寄托在一个人身上，这会给企业的传承带来一定的风险。接班人计划强调的是将企业传承给一个核心领导人，而企业在可持续性发展过程中，更需要一个强大的合伙人团队来永葆基业长青。

合伙人机制可以作为妥善实施接班人计划的良好工具，确保公司经营权掌握在合伙人团队中，同时不会因选错接班人而把企业带入衰落阶段。在合伙人机制的打造上，CHO的作用更多地体现在澄清大家对于合伙人机制的认知，以及建立机制保证合伙人制度的有效落地等方面。

1. 从"利益共同体"到"精神共同体"

很多企业在设计合伙人制度的时候容易走入一个误区，理所应当地认为合伙人是一种"利益共同体"，合伙人存在的目的首先是利益分配。然而合伙人机制设立的初衷并非如此，合伙人团队应该是一个"精神共同体"。

接班人作为自然人是有生命周期的，但是合伙人团队可以是永续的。合伙人制度更多的是一种动态的传承机制，在保证公司控制权的同时，通过新老合伙人的定期更替来传承企业的经营理念和文化，形成更大的合力，防止企业的发展脱离原有轨道。比如，龙湖设立合伙人制度的目的就是通过这个制度让公司内的企业家精神得到延续，增加战略性人才的储备，确保文化能够有效传承，而非仅仅通过合伙人制度来分配公司利益。因此，我们更愿意把合伙人制度称为"精神共同体"。在建设合伙人制度之初，CHO应该将这个理念在企业内部澄清，并让全体人员达成共识。

2. 打造合伙人团队三原则

在实践中，企业可以灵活地、因地制宜地打造自己的合伙人团队。方案设计不是我们在本书中想要探讨的重点，我们旨在提供打造合伙人团队的三个重要原则供 CHO 参考。

（1）**价值观为本**：价值观在任何岗位的人才任用上都是底线。阿里巴巴企业文化的一大特色是，在员工的绩效考核中对价值观的考核占到 50% 以上。合伙人进入的门槛指标同样如此。价值观是否决性指标，不能只因为业绩贡献而忽视价值观的匹配性，对这一条件的设置和坚守是企业文化以及控制权传承的重要保障。

（2）**能力为先**：木桶原理认为决定木桶盛水量多少的关键因素不是其最长的板块，而是其最短的板块。把木桶原理引申到组织中就是，劣势部分往往决定整个组织的水平。价值观必须一致，但能力优势可以互补，组建成多元化的合伙人团队，提升合伙人团队的竞争力，持续提升业绩。

（3）**退出机制事先约定**：退出机制有各种形式，我们要探讨的不是退出机制的具体设计，而是强调退出机制务必提前约定，在问题发生时能够顺利解决，降低风险，合伙人"能上能下，能进能出"，保证合伙人团队的活力。

回看阿里巴巴 20 年的发展历程，我们发现，合伙人制度是其最大的组织创新，同时阿里巴巴也是合伙人制度一个典型的受益者。阿里巴巴通过合伙人制度的设计来控制董事会，从而传承、捍卫阿里巴巴的文化。正如马云所说"我们创建的新型合伙人机制，我们独特的文化和良将如潮的人才梯队，为公司传承打下坚实的制度基础。事实上，自 2013 年我交棒 CEO 开始，我们已经靠这样的机制顺利运转了 5 年。我们创建的合伙人机制创造性地解决了规模公司的创新力问题、领导人传承问题、未来担当力问题和文化传承问题。""张勇今天也不是一个人，他有一个班子和团队，所以我自己觉得大家一定要注意，团队和集体精神是不一样的，我们中国比较讲究集体主义，而真正的团队跟集体主义是有差异的，团队是互相补充，团队是支持别人不失败，所以我们有今天，大家觉得马云你很了不起，其实我并不了不起，但是我的团队非常了不起。我有张勇，我有蔡崇信，我有庞磊，有一帮人在边上支持我，今天的张勇也是一帮人在支持他。"阿里巴巴通过选拔接班人和合伙人双重模式，保障了集团的顺利传承。

打造企业的卓越飞轮

组织能力就是卓越飞轮

吉姆·柯林斯和他的团队用了5年时间完成了《从优秀到卓越》一书，他们从1400家历年世界500强公司中筛选了11家从优秀跨越到卓越的公司，经过研究，为我们呈现出这样一个规律：从优秀跨越到卓越的企业，都在用心打造一个由3大阶段、6大要素所构成的"卓越飞轮"（见图6-3），这与组织能力的打造具有"异曲同工"之妙。

获取训练有素的人：选择具有"先公后私"特质的经理人，并在公司内部形成这样一个共识——首先请进合适的人选，请出不合适的人选，并令合适的人选各就其位，然后再考虑下一步该怎么走，也就是践行"先人后事"的用人理念。

形成训练有素的思想：客观面对现实和刺猬理论，指的是企业必须在残酷的环境中勇往直前，坚定信念并充满智慧，聚焦于那些能够使企业走向卓越的核心区域——洞察企业在哪些方面能够做到最优秀，这些方面既能成为公司增长的引擎，又能让所有参与者充满热情。

产生训练有素的行为：任何结果的产生都源于训练有素的行动，这有赖于训练有素的文化和技术加速器。"把训练有素的文化和企业家的职业道德融合在一起时,你就得到了神奇的能创造卓越业绩的炼金术",同时,正确地运用先进的技术手段,能够加快企业向卓越迈进的速度。

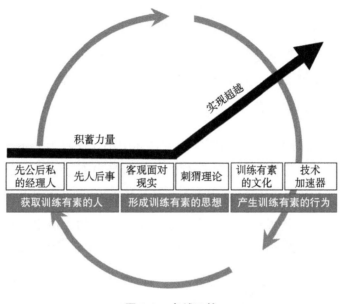

图 6-3　卓越飞轮

组织能力的打造就是在创造企业向卓越迈进的飞轮。打造组织能力就是基于战略的选择,从人才、组织、流程和文化四个方面打造能够持续自动运转的运行机制。这个机制要确保组织内都是能够创造价值的合适的人,确保组织能力的打造方向始终符合战略和业务的需要,确保组织架构、流程、制度的设计和技术的应用能够创造一个具有更高效率的组织环境。在此基础上,企业还需要始终坚持创新变革,使这个机制永葆生命力,使组织永葆活力。

CHO 的终极使命是让企业走向卓越

处于不同发展阶段的企业,打造组织能力的核心"命题"也不同:

- 将个人能力复制成组织能力，打造组织能力的乘数效应，帮助企业做大做强。
- 将短期增长塑造成长期增长，打造持续运转的"钟"，帮助企业做长做久。
- 将一代人的成功传承为持续的成功，打造和推动"卓越飞轮"，形成企业真正的"护城河"，帮助企业实现从优秀到卓越的跨越，以至实现基业长青。

CHO在帮助企业打造组织能力的征途中不仅仅限于上述三部曲，还包括文化、人才、流程、架构、创新等要素的组合，通过组织能力的优化、强化，帮助企业从平庸蜕变到优秀，再从优秀跨越到卓越。这个过程是漫长的，也是艰难的，但也是最能创造价值的。借用吉姆·柯林斯的话，"从优秀到卓越的转变从来都不是一蹴而就的。在这一过程中，根本没有单一明确的行动、宏伟的计划、一劳永逸的创新，也绝对不存在侥幸的突破和从天而降的奇迹。相反，这一过程酷似将一个沉重的巨型飞轮朝一个方向推动，一圈又一圈，积蓄势能，一直到达突破点，并完成飞跃。"CHO要有这样的勇气、魄力和坚韧的耐力，跟随企业一同经历这个"磨炼"，打造优秀的组织能力，最终实现企业的基业长青。

关键发现

企业从0到1的跨越，首先依靠创始人精神在企业的复制。

企业发展从1到100的跨越，个人优势转化成组织优势是重要的依托。

好的管理既不是一场马拉松，也不是一场百米冲刺，而是一场接力赛。

业务快速发展往往使企业落入"繁荣陷阱"。

CHO 既是组织变革的设计师,也是组织变革的坚定推动者。

企业价值在继承过程中的减损程度令人惊心。

接班人计划是将企业传承给一个人,合伙人制度是将企业传承给一个团队。

合伙人制度首先是"精神共同体",其次才是"利益共同体"。

CHO 的终极使命是帮助企业打造卓越飞轮,实现企业的基业长青。

Precise
Selection of
CHO

第七章——

成为共同事业的终身战友

CHO 完全可以像 CFO 那样成为 CEO 的伙伴。

——拉姆·查兰

戴维·尤里奇在《人力资源转型》一书中提到 HR 的四重角色，多次强调 HR 人员具有战略思维和业务视角的重要性。CEO 与 CHO 紧密连系、并肩作战方可确保战略举措的有效落地。如果 CEO 和 CHO 形成不了信赖的伙伴关系，那就无法共同来打造组织能力，支撑战略的实现。

被忽视的伙伴关系

不被信任的 CHO

九华地产集团的业务已遍及 20 个城市，有望在 3 年内上市。王强是 2 年前加入企业的 CHO，但工作中时常有心无力，比如集团有两套薪酬体系，作为 CHO 的他只清楚中基层员工的薪酬，对核心高管的薪酬情况一无所知，当他想在人才激励方面有所推动，得到的回应却是清楚自己该清楚的就行。

当问及 CEO 这一原因时，CEO 明确表示认可王强的工作能力，但真正涉及企业核心机密时，还是会有所保留。目前公司的高管薪酬只有财务总监清楚，而财务总监是 CEO 的妻子。

不论是内部培养的 CHO，还是外部高薪聘用的 CHO，如果 CEO 与 CHO 只是缺乏信任的上下级关系，那么这种距离感不仅会让 CEO 有所防备，还会造成 CHO 的无所适从。

在实践中我们发现，CHO 与 CEO 的关系通常会经历以下四层变化：从"缺乏信任的上下级关系"到"基于目标的工作关系"，再到"值得信赖的合作关系"，最后成为"共同事业的终身战友关系"（见图 7-1）。

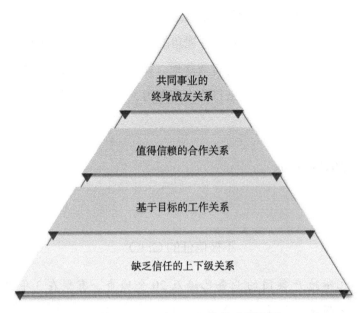

图 7-1 CEO 与 CHO 的关系递进图

阶段一：缺乏信任的上下级关系

社会学流派认为，信任是把自己的弱点不加防范地置于一种可被利用的情形，而不担心自己会被利用的心态和行为。CEO 和 CHO 互相不信任的常见表现有以下方面：

- 表面和气，即使不认同彼此观点，也不愿意发生冲突或争执。
- 隐藏自己的弱点和错误。
- 不愿请求对方帮助，也不愿真诚地给对方提出建设性的反馈意见。
- 不愿对方为自己提供职责之外的帮助。
- 往往就工作说事，不会说出真实的想法。
- 不愿就工作之外的事情交流。
- 无法就战略等重大问题表示出坚定的态度。

缺乏信任的关系会导致双方猜疑，不够坦诚，沟通成本高，很难就一些工作达成共识，进而影响组织效率和人际健康度。本章开篇的案例就是典型的不信任关系，这个阶段一般是CEO和CHO刚开始搭配工作，对于彼此的能力、人品缺乏认知，没有共同的经历，又因为两者的特殊地位，对于商业决策、人事关系等敏感问题无法进行坦诚沟通，增加了不信任的程度。要变成信任的关系，CEO和CHO都必须展现自己的能力和人品，通过增加沟通，让CEO认可CHO的能力，拉近距离，减少猜疑和防范。

阶段二：基于目标的工作关系

在这一阶段，CEO和CHO能够基于共同的目标开展工作，CEO认可CHO的工作能力，但是CHO更多的是一种执行的角色，以CEO制定的战略和相应的举措为工作目标，通过协调各方资源将具体的工作目标层层落实。在这个阶段，CHO通过自己的执行力能够获取CEO一定的信任，但是并未达到CEO将CHO视作业务伙伴，邀请其参与战略制定或业务调整的阶段。二者的工作关系更适宜用"就事论事""执行—问责—改进"来描述，交流的机会也更多在工作场景下发生，私下沟通相对较少。基于目标的工作关系还不够深入，只是协同与分工，还没有形成亲密的伙伴关系。

要想改善这种关系，CEO和CHO可以有意识地就具体工作之外的事情进行交流，比如各自的志趣、梦想、目标或者困惑，在非正式场合更放松地就战略或公司未来发展畅所欲言，逐步深入，就像拉姆·查兰提到的："G3（CEO、CFO和CHO组成的核心小组）要想真正发挥作用，CEO、CFO及CHO三人之间必须坦诚相待，相互支持。"

阶段三：值得信赖的合作关系

万科的 CHO 解冻刚进入万科时，从最基础的工作做起，尽职尽责，持续改进，把平凡的工作做出不平凡的价值，一步步成为万科人力资源管理一把手，得到了王石的高度认可和信任。解冻曾提到一个事例：1995 年的时候，万科例行调薪。解冻做完方案后向王石汇报，王石听完拿起笔就签，一字未看，把解冻惊呆了。调薪在任何一个企业，都是很大的事。解冻问："您都不看一下啊？""我不是问过你了？你说没问题我就签字。"王石回应道。到达这种程度，说明 CEO 和 CHO 已经建立了值得信赖的合作关系。这层关系较基于目标的工作关系有了很大程度的提升。CEO 和 CHO 都能在 CHO 的定位与价值的认知上达成一致，也就是说，CHO 是 CEO 的合作伙伴，无论是战略制定，还是公司重大经营决策，CEO 都会将 CHO 视作重要的助手，共同探讨，而 CHO 也会在过程中从组织和人力资源管理方面提出有价值的见解，为 CEO 提供信息和充当决策参谋。二者互相信赖，互相依托，即使有不同的意见，也能坦诚表达，达成一致，更加有利于组织目标的推动实现。

阶段四：共同事业的终身战友关系

无论是基于上下级的工作关系，还是互相信赖的合作关系，都是以实现公司目标为前提的，但是更上一层的关系，不仅要从工作目标出发，还要在共同的事业上达成一致，那就是 CEO 和 CHO 成为事业伙伴，他们在内心深处彼此认同，价值观高度契合，有共同的愿景和使命，共同面对企业发展过程中出现的各种困难和险境，彼此扶持，始终不离不弃。正如万科 CHO 解冻所说："在就职万科 24 年的工作当中，我与公司、与同事之间的感情已如家人般亲近。" 2016 年，王石身处宝能与万科的股权之争，已经卸任 CHO 转任万科监事会主席的解冻在年度股东大会上，旗帜鲜明地声明："王石主席是一个合格的董事长，没有不堪到要股东会罢免的地步。"解冻挺身支持，有理有据地对王石受到的不公正的质疑予以反驳。万科董事会主席和万科 CHO 在共同为事业奋斗的过程中已经超越了同事的关系，相互认可、相互支持，已经成为共同事业的终身战友，是 CEO 和 CHO 关系的典范。

上述四阶段关系呈现的是一种理想化的递进关系，但实际上可能出现这样的情况，那就是相处多年，仍处于互相不信任的阶段，或者从一开始，理念和价值观十分契合，很快便成为互相信赖的合作关系，甚至是事业伙伴的关系。

在研究的过程中，我们邀请数十位 CEO 进行了 CEO 与 CHO 的关系调研，结果表明 39.1%、36.96% 的 CEO 分别选择了第二和第三个阶段，只有 13% 的 CEO 选择了共同事业的终身战友关系，这反映了目前很多企业的现状（见图 7-2）。

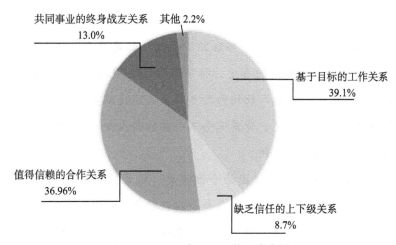

图 7-2　CEO 与 CHO 关系分布图

在访谈了多个知名企业的 CHO 后，我们发现 CEO 与 CHO 关系的处理极具艺术性，很难总结具体的方法，但我们可以从经典案例中窥探一二。

被传颂的终身战友故事

军中政委赵刚

任正非在华为 2018 年成立总干部部的讲话中，鼓励华为 HR 要成为赵刚式的业务助手。在这之前的 2005 年，阿里巴巴就设置了"政委"角色，也是以赵刚为政委的模板。为什么优秀的 CHO 要成为赵刚一样的角色？

一文一武，相互试探

从 1931 年的"九一八"事变开始，中国人民进行了 14 年的艰苦抗战。中国共产党作为抗日的中流砥柱，领导中国人民取得了抗日战争的胜利。很多影视剧以抗日战争为背景，描述了那一段艰苦岁月。其中有一部红火了十几年的电视剧——《亮剑》之所以至今深受群众的喜爱，除了是因为主演的演技深入人心，更多的是因为剧中的人物均为历史原型。不得不提的就是李云龙与赵刚这对生死之交，背景完全不一样的两人却共事 10 年之久，共同领导强大的独立团。

李云龙在战争年代因为个性直爽、粗豪，与之前的几个政委都合作不来，所以在他接受命令担任独立团团长的时候，唯一的要求就是不要给他派政委，他自己一个人一肩挑，但组织上仍然给他派来了赵刚。

1938 年，赵刚调到独立团当政委报到时，李云龙直接来了句"又来了个白面秀才"并随手递过来酒瓶子。赵刚很不给面子地说了句"谢谢,我不会喝"。面对李云龙的"不会喝来独立团干吗",赵刚更是面不改色地说道:"独立团是打仗的,又不是收酒囊饭袋的。"李云龙当时就被噎住了,心想:哟,这政委跟原来的不一样呀。虽然第一次见面,双方互相看不上眼,但李云龙听到赵刚汇报的李家镇伪军骑兵营敌情后,心里开始暗自佩服赵刚敏锐的战机把握能力。

能做思想工作的神枪手

赵刚担任八路军独立团政委时虽然才25岁,但资历不浅,在这之前他已是"一二·九"运动的负责人之一了,而且是北平燕京大学的学生,如此高的学历,在当时的八路军部队中当属凤毛麟角。但李云龙可从来不会被这些"表面功夫"所忽悠,真正让他信任和佩服的还要属赵刚独到的业务能力。

赵刚在去独立团报到的路上救出魏和尚,李云龙要试试和尚的拳脚,却被和尚打翻在地,顿时英雄相惜,并暗自重新打量赵刚。第一次让李云龙佩服得五体投地,是赵刚在战场上端起三八大盖,熟练地调整标尺,从500米开外一枪撂倒正在架迫击炮的鬼子!

这是个啥政委?搞情报有一套,识人才有一套,即使打枪也是个神枪手!此前,李云龙根本没把赵刚看在眼里,赵刚做思想工作,他说人家"卖狗皮膏药耍嘴皮子";赵刚坚持原则向上级报告,他骂人家"打小报告",还整天把"你管生活,我管军事"挂在嘴上。结果,战场上一过招,李云龙服了,由此认定赵刚"有两把刷子"。

发起平安格勒战役的冬天,部队缺乏御寒的棉衣,有些连队只有一两件棉衣，只穿一件单衣的赵刚高烧到39℃。在李云龙过来看望他的时候，他忍着病痛提出要想办法从被困死的局面突围，并猜透李云龙要打鬼子运输队的主意，随后对现有的情况进行了深度分析，李云龙听完大拍桌子笑道："好你个赵刚，看来我这个团长的位子坐不长了，你小子是不是早惦记上这位子啦？"在听完赵刚的行动方案后，李云龙直接喊道："知我者，赵刚也。"

要成为合格的政委，得到军事主官的认可，懂业务才是正道。

政委既要全力支持，又要坚持原则

李云龙因擅杀俘虏从独立团团长降为独立团一营营长，有个新兵不明底细，张嘴叫了李云龙李营长，李云龙皱皱眉头转身走了。

一个老兵火冒三丈，照着新兵劈面一个耳光骂道："你叫什么哪？李营长？那是你叫的吗？"新兵挨了揍觉得委屈，捂着脸申辩道："他是咱营长嘛。"老兵凶恶地威胁道："你再说，还想挨揍是不是？"

赵刚知道后，居然没有批评打人的老兵，倒把挨打的新兵训了一顿："谁让你这么叫的？你穿开裆裤时他就是团长了，咱独立团除了他，没有别的团长，明白吗？"

赵刚这是阿谀奉承？从下面的细节就可以看出他只是深谙维护军事主官在部队中应有的尊严和权威的重要性，这也是政委的职责所在。

李家坡战斗开始前，李云龙拎着一口磨得飞快的鬼头刀，皮带上插着装有机头的驳壳枪，他一边检查弹夹一边对政委赵刚说："我带突击队先上，你负责殿后，我们打光了你再补上。"

赵刚正往弹夹里压子弹，一听李云龙说这话就不乐意了。

赵刚厉声道："你敢？你这叫擅离职守，你应该在指挥位置上，而不是在突击队。我马上给旅长打电话，不取消你的参战资格我就不姓赵。"

"别……别呀，这太不够意思啦。"李云龙顿时软了下来。

可见和军事主官搭档，只有软硬兼施，才能既使其信服，又能抓住其七寸。

生死兄弟，终身战友

在独立团，李云龙与赵刚共同经历了大扫荡，经历了铁壁合围，经历了枪林弹雨，经历了风刀霜剑。他们是可以谈理想、谈生死而无所顾忌的生死兄弟！

解放后，赵刚到了北京工作，李云龙则继续留在地方上的部队里工作。两人再见面后非常热情，毫无距离感，连赵刚的爱人冯楠都说，她从没见过赵刚说脏话，但李云龙一来，他就说起来了。这说明赵刚在李云龙面前是完全放飞自我的状态，丝毫没有拘束感，一点儿不用端着架子，平时不能说的话，或者比较压抑的事情都能吐露，这是只有在面对非常亲近、非常信任的人的时候才会呈现的状态。

李云龙和赵刚是共同经历过生死的终身战友，他们互相欣赏，彼此信任，有共同的价值观，遇到危难不离不弃，甚至牺牲自我保护对方，最终共同成就了一番伟大的革命事业。从他们的事例中，我们仿佛可以看到，在一个企业中，CEO和CHO的完美关系——CEO"指挥前线、带兵打仗"，CHO"稳定军心、出谋划策"，共同打造组织能力，共同实现企业的宏图愿景。

布道牧师康纳狄

在通用电气公司，比尔·康纳狄像公司吉祥物一般任职超过了40年，其间担任人力资源总监13年，先后辅佐了杰克·韦尔奇和杰夫·伊梅尔特两代CEO，为GE人力资源管理的成功做出了不可磨灭的贡献。"这家伙很神奇！他竟然有能力取得所有人的信任，高级经理人和工会成员都同样尊重他。"杰克·韦尔奇对康纳狄的描述体现了一名企业最高长官对CHO的极高肯定与褒奖。

康纳狄从GE的制造业培训班起步，后来成为位于宾夕法尼亚州格罗夫城的柴油机车发动机工厂的经理。然后，他放弃了机车业务，投身人力资源管理。他是个有天赋的人，无论他面对什么层级的人——从高层执行官到小时工，也无论是好消息还是坏消息，他总能"有话直说"并获得对方的理解。此外，他也是一个出色的听众，口风很紧，用任何方法都无法从他嘴里挖出任何一点儿秘密。

"当康纳狄在飞机引擎事业部担任人力资源负责人的时候，我就非常欣赏他。1989年，该产业遭遇了一场空前的危机。我们的一名雇员为了得到喷气式飞机发动机的合同，向以色列空军的一位将军行贿，此事后来被曝光。给我留下深刻印象的是，康纳狄妥善处理了这次麻烦牵涉的所有人员，有些还是他的同僚和朋友。他必须忍受让人难以置信的痛苦，建议那些人离开公司。同时，他又能够用坦诚、同情和具有外交智慧的方式去完成这项工作，这就是一个牧师型人员最根本的特点。"杰克·韦尔奇这样回忆道。

对于杰克·韦尔奇，康纳狄说："我最重要的工作就是减少他的工作量，而非给他增加任务。"曾与康纳狄共事的咨询师拉姆·查兰说："康纳狄有本事识别各种任务的重要性，从里面挑出真正需要CEO自己动手的工作，排除其他琐事。他释放了老板的工作能量。"同样，让员工依照自己的步调做事，甚至让他们偶尔放松一下，这些都有助于提升效益。

从杰克·韦尔奇和康纳狄的事例中，我们可以感受到，作为一位卓越的 CHO，康纳狄像一位布道牧师一样，传递信仰，鼓舞士气，凝聚人心，为组织赋能，成为 CEO 的助手，为 GE 的发展保驾护航。

心灵伙伴彭蕾

马云说："阿里巴巴最好的产品是员工。那么，创造这个'产品'的核心人物就是彭蕾！"

彭蕾 39 岁出任支付宝 CEO，42 岁出任蚂蚁金服董事长，47 岁退居二线。在外界看来，就职阿里巴巴的 19 年里，彭蕾主要为马云实现了两个梦：一个是接手支付宝，并将其培育成阿里巴巴的支柱产业——蚂蚁金服；另一个则是担当总政委的角色，将阿里巴巴的价值观落地。如果说马云是组织的高手，彭蕾则是组织中最核心的灵魂设计者。

因为有趣成为随军家属

在加入阿里巴巴之前，彭蕾已经在浙江财经学院（现浙江财经大学）当了 4 年老师，生活平平淡淡，波澜不惊。一个偶然的机会，彭蕾与孙彤宇相识相恋，交好的二人很快于 1997 年领证结婚。没想到这段姻缘，让彭蕾把一生都绑在了马云身上。1998 年，孙彤宇执意北上与马云一起创业，作为妻子的彭蕾为了支持丈夫的事业，辞掉教师的工作，随之加入了马云的团队。

1999 年 2 月 2 日，杭州湖畔花园的一个小区，18 罗汉齐聚一堂开了一次惊心动魄的动员大会。屋内几乎家徒四壁，只有一个破沙发，一撮人挤在沙发上，一撮人席地而坐。马云站在中间，激情忘我地演讲。那时还没有银行卡，一本印着"马云"名字的存折,盖着大红印章,每月按时去取18个人的工资和各种杂费。18人凑足50万元的启动资金,之后吃泡面、住民房,每月拿500元的工资,彭蕾都坚持下来了,因为加入阿里巴巴,本就无关名和利,她只是觉得,"跟着这么一群兴致勃勃的人做事,会比较刺激、好玩"。

从此,彭蕾成了传说中"马云背后的女人""马云的左膀右臂";马云负责做梦,彭蕾负责实现。

想方设法实现马云的梦想

随后,彭蕾在阿里巴巴担任首席人才官,主要工作是招人,看人,与人打交道,为阿里巴巴挑选最符合企业价值观的人才。马云有什么想法,她就想方设法实现。譬如,当时马云关于价值观的灵感爆棚,"独孤九剑""六脉神剑"这样的神奇提法层出不穷,听起来头头是道,做起来谁也不知道会是什么情况。

没办法,彭蕾只能一条条琢磨着怎么能够变具体、可落地:

- "六脉神剑"中说要"团队合作",彭蕾就规定为"有意见开会说,开完会埋头干,免得当面没意见,背后牢骚多"。
- "客户第一",就是要把客户当成衣食父母,积极为客户解决问题,站在客户的立场思考问题。
- "诚信",就是要言行一致,不受利益和压力的影响……

好不容易弄完价值观,马云又有新想法了,当时他刚看完电视剧《历史的天空》,觉得军队思想政治工作更强大,授意彭蕾也要设"政委"。看电视剧学来的方法,还要在企业里设"政委",之前根本没有人玩过这一套,彭蕾想想就觉得"不靠谱"。但老板的想法,无论如何都得实现,彭蕾又开始琢磨了,终于搞出了"阿里巴巴政委体系"。

所谓的"阿里巴巴政委",日常就是陪聊,整天看团队、送温暖、聊家常。比如问员工:买房没?有娃没?工作啥困难?客户啥情况?……这样一来,员工出了问题,"政委"一下子就能猜出来源头在哪里,能够及时采取措施加以解决。猎头们纷纷表示,阿里巴巴的人最难挖!不认同的早跑了,剩下的都是"死忠粉"。

30万元大奖的正面交锋

在某次年会上,马云提出要搞一个30万元的大奖发给优秀团队,但还不清楚具体发给哪个团队。作为CPO的彭蕾觉得30万元是超级大奖,有点儿过,但又碍于情面不好当场反对,于是就想用消极应对的方式把这个事情糊弄过去,但一个星期后马云还在提这个事情,彭蕾不得不说:好,好,回去就研究。直到第三次还在说这个事,马云说:我觉得你没有认真去思考这个事情。那个时候,彭蕾就知道这个事情不可能躲过去了,只能正面面对,细细琢磨。

彭蕾在自己的演讲中这样表述:"当他坚持某个事情的时候,我就要去了解他背后想做的是什么。坦率来讲,他很多天马行空的想法,我们最后有些可以消化,不过还有一部分经过他三番五次的坚持,我也不一定完全认同,但我也还是会去做,而且会不折不扣地去做。每次发生交锋的时候,我觉得对我们HR和CEO而言,是一个特别有意思的过程,这个过程本身就是在磨合彼此对组织、对文化、对人的看法。这样的过程无论是对CEO而言还是对HR、CPO而言,大家都不应该去回避它,大家要让你们的对话非常直接、坦诚,没有阻碍地发生,包括你的纠结。当然,这里有一个挑战,那就是CEO的胸怀,你如果听到下面一个HR反对了你，可能会不耐烦，想着怎么整天这么跟我说话；然后对HR的挑战是，我今天是不是人微言轻，CEO我肯定改变不了，他那么固执。如果老是这样水浇在石板上，我觉得这个事情也没有办法做下去了。"

阿里巴巴的心灵伙伴

2016年，马云在给内部员工的邮件中公布，10月16日起，蚂蚁金服董事长兼CEO彭蕾将卸任CEO，由总裁井贤栋接任。未来，彭蕾将以董事长身份，专注于公司的长期发展、全球化战略、人才培养和文化建设与传承。CEO井贤栋则将全面带领团队负责公司业务、战略推进和落实。"在公众眼里，彭蕾或许是全球女性权力榜上的明星企业家，但是在我们眼里，她永远是阿里巴巴小微文化和价值观薪火相传的家人，是阿里巴巴的心灵伙伴。"马云在信中表示，在过去不可思议的6年发展历程中，彭蕾以一名女性特有的洞察力，用内心的清澈和对责任的坚持展现了她杰出的领导力，完美诠释了"定海神针"的作用。马云对彭蕾的高度评价，折射出CEO与CHO作为共同事业的终身伙伴的战友关系。

为终身使命奋斗

上述案例都是CHO与CEO作为共同的事业伙伴所呈现的理想关系，那么如何做才能真正形成这种关系？从CEO的角度来说，至少应该做好两个方面的工作，那就是共启愿景和信任支持。CEO要将公司的愿景与CHO的个人愿景相结合，并给予充分的信任和支持，只有做好这两方面的工作，才能让 CHO 发挥更大的价值，协助 CEO 为企业打造强大的组织能力。

共启愿景

马云曾说过："不要让你的同事为你干活，而让他们为我们共同的目标干活，团结在一个共同的目标激励下，要比团结在一个人周围容易得多。"如果把组织愿景和个人愿景比作两个圆圈（见图 7-3），当组织愿景和个人愿景重合度越高的时候，团队成员越愿意跟随，团队成员自我驱动力越强。愿景有多大，就能吸引多大能量的人才。CEO 要善于把自己的愿景丰富起来，变成组织的愿景，并与 CHO 的个人愿景整合起来，而 CHO 则要把企业愿景与所有员工的个人愿景同向起来，建立一个有愿景的组织。

图 7-3　个人愿景与组织愿景的关系

事实上 CHO 和 CEO 一起工作时，经常出现以下两种情形：

一种是 CEO 自己已经把问题想得十分透彻，并制定了可执行的目标和计划，CHO 只负责去执行。此时，这个所谓的目标只是 CEO 自己的目标，和 CHO 没什么关系；另一种则是 CEO 没兴趣在 HR 工作上投入自己的时间和精力，基本甩手给 CHO 去折腾，CHO 则依据自己的判断来制定目标并执行。此时，这个所谓的目标只是 CHO 自己的目标，和 CEO 也没什么关系。

如果连目标都不是双方共同认可和追求的，那就更谈不上合作了。所以 CEO 要学会共启愿景，既要向 CHO 阐明自己对企业未来发展的设想，又要洞察 CHO 对个人事业的规划与目标，从中找到共同点，通过真诚开放的沟通，对目标及实现目标的举措达成共识，并在后续的执行过程中，始终保持沟通，定期回顾，各自发挥自己角色的能力，相互协作、密切配合。

信任支持

在与 CHO 互相交流的过程中，我们发现"安全感"是一个高频词语。无论是业务出身 CHO 的骄傲，还是 HR 出身 CHO 的谨慎，背后都隐隐约约透露着他们在 CHO 这个位置上的不确定感和不安全感。而这种"不安全感"往往来自 CEO 的不够信任。要打造这份"安全感"，CEO 和 CHO 都要做出一定的努力。

（1）**彼此接纳**。有的 CEO 在招聘 CHO 的过程中表示了对 CHO 的极度赞赏，但进来之后发现了其身上的某一个缺点就紧抓不放，并无限放大，从而产生偏见，影响相互的信任。CEO 和 CHO 双方首先要清楚彼此的优势和不足（只要这个不足不是致命的就好），并接纳这样的自己和这样的对方。只有这样，双方才不避讳彼此的缺点，才不会自我欺骗，更不会为了维系自己"完美"的自我形象而关闭沟通的渠道。这就需要 CEO 和 CHO 都能为对方营造一种心理上的"安全感"，一种不会因为自己暴露、承认了自己的缺点，而被对方或组织嘲笑和厌弃的"安全感"。

（2）**直面冲突**。冲突往往是能够迸发最好创意的时候，但有些 CEO

或CHO为了维护自身形象或维护业已形成的良好关系而刻意回避冲突，表达委婉，久而久之，当对方始终意会不了其中的深意时，冲突就会在心底越积越深，导致隔阂横生，从而瓦解相互的信任。所以CEO和CHO要在面对冲突的态度上达成一致，把冲突变成建设性的冲突，耐心倾听，理性地对待对方提出的反对意见，冷静思考，充分讨论。建设性的冲突有助于信息互补、澄清困惑，在思想的碰撞中迸发出更美妙的火花。

（3）**共担艰险**。任何的信任都不是凭空产生的，而是经过"战火"的洗礼，在共同面对困难和险境的经历中培养起来的，通过彼此的扶持，相互帮助，逐渐建立起深厚的革命情谊。一方面，CEO要坚定信念，率先垂范，让CHO感受到CEO跨越困难的勇气和决心；另一方面，CHO也要紧随CEO，敢于承担，敢于掩护，通过人才的供给、组织的优化为CEO及时提供"枪支弹药"，在"枪林弹雨"中建立起来的信任尤其坚不可摧。除了企业发展中真实发生的困境，CEO或CHO也可以通过策划一些颇具挑战性的团队活动，在彼此的互动、扶持与合作中建立信任。

（4）**真诚关怀**。如果CEO能够定期对CHO的生活和工作表达或真诚或贴心的关怀，也能对增进彼此的信任起到事半功倍的效果。CHO作为CEO的事业伙伴，往往也是事业型人格，对家庭的关注和投入很可能相对较少。CEO可以通过制度化或个人化的方式表达关怀，比如在高管福利的设置上涵盖家属高端体检，在子女的教育上提供支持，抑或在节假日为CHO的家人送去暖心的慰问与祝福，尤其是当CHO在生活中出现棘手问题时提供及时的帮助和资源，解决CHO的后顾之忧，让CHO感受到企业的关心与重视，自然更愿意全身心地与CEO并肩作战。

然而，在CHO和CEO之间，有时并不需要一起解决每一个实际问题，因为每个人都有独属自己的"课题"，只能自己面对；但我们依然可以通过倾听、陪伴和理解来表达关怀与支持，以缓解CHO和CEO在各自成长道路上的强烈"孤独感"。

当然在这个过程中，我们发现最关键的是企业家要有"先付出"的勇气，不论是时间上，还是物质上，CEO 需要优先关注到 CHO 对企业的重要性，并且在日常工作中给予 CHO 充分的自主权，甚至在自己困惑的时候，不要埋怨 CHO 对自己和企业不理解，不妨问一问自己是否曾经主动找 CHO 进行沟通，或是站在 CHO 的角度去思考他的难处。

这里有一份 CEO 与 CHO 的关系自测表（表 7-1），企业家可以通过这个表格来测试一下自己与 CHO 目前处于何种关系阶段，并通过上下文内容找到进一步改善的方法。

表 7-1 CEO 与 CHO 的关系自测表

序号	题目	得分
1	CEO 与 CHO 相互主动发起讨论公司的战略和发展	
2	遇到重大决策时 CEO 和 CHO 会主动商讨	
3	CEO 认同并支持 CHO 在组织能力打造中的角色	
4	CEO 与 CHO 定期面谈沟通	
5	CEO 和 CHO 主动相互关心工作之外的情况	
6	CEO 和 CHO 共同分享成就和收获	
7	相互了解各自未来的愿景，并认同和相互支持	
8	CEO 和 CHO 彼此熟悉各自的家人	
9	CEO 和 CHO 相互吐露自己在工作之外的难处	
10	CEO 和 CHO 相互包容彼此的失误	

说明：每条行为采用 5 分制，最高分为 5 分，最低分为 1 分（非常同意，5 分；同意，4 分；不确定，3 分；不同意，2 分；非常不同意，1 分）。满分 50 分。

如果达到 35 分以上，则恭喜你与 CHO 正在或即将达到共同事业的终身战友阶段。

如果达到 25～35 分，则恭喜你与 CHO 正在或即将达到值得信赖的合作伙伴关系。

如果达到 15～25 分，则恭喜你与 CHO 正在或即将达到基于目标的工作关系。

如果在 15 分以下，则属于缺乏信任的上下级关系，需引起警惕和重视。

该评估可用于 CHO 自评或他人通过观察进行评估，供读者参考测评。

（CEO 与 CHO 的关系自测表线上问卷链接 https://wisevirtue.wjx.cn/jq/46477101.aspx 已开通，也可扫描本书附录 A 中 CEO 与 CHO 的关系自测表二维码进行问卷填写，收到您的问卷后我们尽快向您提供结果报告。）

企业的发展离不开企业家或 CEO 一直坚持的愿景和使命，他们把控着企业航行的方向，无论是事业雄心驱使，还是责任感使然，抑或是情怀所向，他们都是企业的引领者，他们带领着一众追随者，用自己的雄心壮志感染着其他人。然而，如何能够让企业航行得更好更快，在把握方向的同时，必须有另一个力量持续不断地提供动力，这个力量就来自 CHO。他们必须朝着既定的方向，与企业家或 CEO 并肩作战，用自己的坚韧与智慧，全力帮助企业家或 CEO。所以企业家或 CEO 要与 CHO 互相理解、互相认同、互相信任、互相支持，成为共同事业的终身战友，共同将企业这艘大船驶向更远的前方。

关键发现

CHO 既不是为了个人利益，也不是只为 CEO 负责，而是要为公司负责。

CHO 与 CEO 的关系会经历四个阶段，"缺乏信任的上下级关系"——"基于目标的工作关系"——"值得信赖的合作关系"——"共同事业的终身战友关系"。

当团队个人愿景和领导者愿景重合度越高的时候，团队成员越愿意跟随，团队成员自我驱动力越强。

企业家要有先付出的勇气，不论是时间上，还是物质上，都要给予 CHO 充分的支持。

企业家或 CEO 只有与 CHO 互相理解、互相认同、互相信任、互相支持，才能成为共同事业的终身战友，共同带领企业走向卓越。

Precise
Selection of
CHO

附录 A——

CHO 领导能力行为量表和 CEO 与 CHO 的关系自测表

附录 A CHO 领导能力行为量表和 CEO 与 CHO 的关系自测表

尊敬的读者朋友，您好：

非常欢迎您阅读本书，为了帮助企业家更好地选择和培养首席人才官，同时也帮助首席人才官更好地为企业创造价值，我们提供了关于 CHO 领导能力行为量表（表 A-1）和 CEO 与 CHO 的关系自测表（表 A-2），无论您是企业家，还是 CHO，都欢迎填写调研数据。为了感谢您的支持，我们在您填写完数据测评后，将提供我们对中国 CHO 的数据研究报告，我们承诺所有的数据仅限于专业研究，不会泄露个人的数据。

德锐咨询 CHO 研究小组

表 A-1 CHO 领导能力行为量表

领导能力	行为	得分
先公后私： 将组织整体利益和长远利益置于个人利益和短期利益之上，在保证组织利益的前提下追求个人利益，CHO 乐于通过成就企业、成就团队和成就他人来成就自我价值	1. 站在公司整体层面解决问题，以 CEO 的视角来思考并推进 HR 部门的工作，不以个人喜好处理问题	
	2. 坚持做对组织长期有益的事，即使影响短期利益也不会有所妥协	
	3. 在推动变革相关事宜时客观公正，保持整体利益最大化	
	4. 集体组织利益为先，带头坚定地推动并执行公司的相关决策	
	5. 即使得罪人，也勇于做出维护公司利益的决策，并有担当地执行	
	6. 主动承担工作职责范围外的事项，助力公司的战略落地实施	
	7. 真实客观地评价自己与他人的工作成果，不为了个人成就而贬低他人所做的贡献	
	8. 进行利益分配时，不偏向自己或关系密切的人	
	9. 对损害公司利益的行为零容忍，勇于制止	
	10. 为了公司长久的发展，敢于选聘比自己能力强的人	

（续）

领导能力	行为	得分
坚定信念： 有打造美好组织的坚定信念，对企业愿景的达成以及人的内在动机始终保持正面看法，相信激发出每一个人的力量就能实现企业的目标	1. 有清晰的梦想，相信组织美好的愿景一定能实现	
	2. 热爱公司的事业，自觉投入努力和精力	
	3. 不局限于本领域知识，主动前往其他岗位轮岗，能够点燃他人，激发组织信心	
	4. 不断学习前沿知识，并结合企业现状进行应用	
	5. 碰到事业困难和挫折时永不放弃，不断进行自我激励	
	6. 对公司的未来发展展现出坚定的信心	
	7. 将个人目标融入公司发展事业中，把公司目标的实现作为人生的重要部分	
	8. 不断设定更高的目标，为实现目标竭尽全力，并达成	
	9. 时刻保持对美好组织的追求，不因职位高、收入高、物质满足而放弃奋斗精神	
	10. 有超越利益之上的情怀与追求	
战略思维： CHO 要能站在 CEO 的角度，充分理解公司战略和业务特点，能够从业务的深度和战略的高度两方面部署人力资源的各项活动，从而成为企业真正的战略业务伙伴	1. 了解和熟悉公司的业务，主动进行业务岗位轮岗或兼职业务岗位，提升业务能力	
	2. 从行业未来商业角度思考公司面临的挑战	
	3. 找到组织战略和市场环境的结合点，为组织决策提供参考意见	
	4. 积极参与到制定公司业务经营战略的工作中，提出建设性意见，并获得认可	
	5. 结合公司战略规划，部署人力资源相关工作规划	
	6. 与直线经理共同探讨业务如何承接公司战略，并分析落地过程中可能出现的问题	
	7. 面对企业战略的变化，及时调整人力资源战略规划	
	8. 深入了解组织业务流程，常与直线经理交流，并提供专业咨询帮助	
	9. 确保公司战略和愿景的实现，有计划地持续打造组织能力	
	10. 能平衡好公司愿景与短期利益，安排事务的优先顺序，分清轻重缓急	

(续)

领导能力	行为	得分
变革推动： CHO要根据企业的外部环境变化和自身战略调整，基于业务需求，主动推动公司文化、人才、领导力、流程等一系列的变革，以提升公司应对经营挑战的能力，帮助企业转型，实现持续的发展	1. 敏锐觉察外部环境的变化，及时发起公司变革，不拖延等待	
	2. 评估组织变革的风险和影响程度	
	3. 组织变革发起前准备充分，制订明确的变革实施方案	
	4. 充分沟通和宣传，获得组织中大多数成员的支持与拥护	
	5. 以身作则地推动变革，落实到每一个具体细节	
	6. 主动协助其他部门执行相关的变革举措，并按照既定方向实施到位	
	7. 对各个部门和领域内的变革进行协调和跟踪	
	8. 在变革遇到困难和阻力时，引导员工克服变革过程中所遇到的障碍	
	9. 力排众议，破除障碍，敢于淘汰阻碍变革的人员	
	10. 勇于担当，为变革的结果承担责任	
组织智慧： CHO对人性要有深刻的理解，要深谙不同人员不同层次的需求，既要懂得坚持原则又要变成组织的润滑剂，既要用专业提供人力资源解决方案，又要艺术性地推进解决方案的实施	1. 在推动工作过程中，敏锐地找到关键人物，并通过沟通影响获得支持	
	2. 能够识别组织中的利益群体，并争取更多的合作	
	3. 对组织文化保持正向的期待，规划组织美好的愿景，并在组织内传达	
	4. 在组织内营造一种积极的氛围，通过宣贯、研讨等方式促成员工达成共识	
	5. 发现他人的善良动机、未来潜力和努力结果，在不同的利益诉求群体之间找到平衡，化解矛盾与冲突	
	6. 对开发他人潜力有信心，并长期坚持努力	
	7. 通过给予他人积极正向的反馈及实质性的帮助，引导他人共同实现组织目标	
	8. 面临重重阻挠时，仍对工作的开展保持乐观心态并带动他人的积极性	
	9. 管理方式不是非黑即白，存在一定的弹性空间	
	10. 采用多种方法，为持续建设美好组织而努力，为确保组织目标的实现，既能坚持原则，又能做适当地妥协	

说明：每条行为采用5分制，最高分为5分，最低分为1分（卓越，5分；优秀，4分；胜任，3分；待提升，2分；不胜任，1分）。单项领导能力最低10分，满分50分。单项能力达到40分即为优秀，30分即为胜任，低于15分说明该项能力为明显的短板。该评估可用于CHO自评或他人通过观察进行评估，供读者参考测评。

CHO 领导能力行为量表

表 A-2 CEO 与 CHO 的关系自测表

序号	题目	得分
1	CEO 与 CHO 相互主动发起讨论公司的战略和发展	
2	遇到重大决策时 CEO 和 CHO 会主动商讨	
3	CEO 认同并支持 CHO 在组织能力打造中的角色	
4	CEO 与 CHO 定期面谈沟通	
5	CEO 和 CHO 主动相互关心工作之外的情况	
6	CEO 和 CHO 共同分享成就与收获	
7	CEO 和 CHO 相互了解各自未来的愿景，并认同和相互支持	
8	CEO 和 CHO 彼此熟悉各自的家人	
9	CEO 和 CHO 相互吐露自己工作之外的难处	
10	CEO 和 CHO 相互包容彼此的失误	

说明：每条行为采用 5 分制，最高分为 5 分，最低分为 1 分（非常同意，5 分；同意，4 分；不确定，3 分；不同意，2 分；非常不同意，1 分）。满分 50 分。

如果达到 35 分以上，则恭喜你与 CHO 正在或即将达到共同事业的终身战友关系。

如果达到 25～35 分，则恭喜你与 CHO 正在或即将达到值得信赖的合作伙伴关系。

如果达到 15～25 分，则恭喜你与 CHO 正在或即将达到基于目标的工作关系。

如果在 15 分以下，则属于缺乏信任的上下级关系，需引起警惕和重视。

该评估可用于 CHO 自评或他人通过观察进行评估，供读者参考测评。

CEO 与 CHO 的关系自测表

参考文献

[1] 德鲁克.管理的实践[M].齐若兰,译.北京:机械工业出版社,2018.

[2] 柯林斯.从优秀到卓越[M].俞利军,译.北京:中信出版社,2009.

[3] 康纳狄,查兰.人才管理大师[M].刘勇军,朱洁,译.北京:机械工业出版社,2012.

[4] 德鲁克.创新与企业家精神[M].蔡文燕,译.北京:机械工业出版社,2007.

[5] 博克.重新定义团队:谷歌如何工作[M].宋伟,译.北京:中信出版集团,2015.

[6] 科锐国际.2019人才市场洞察及薪酬指南[R/OL].(2019-01-16)[2019-09-16]. http://www.19qit.com/archives/821600.html.

[7] 领英,怡安翰威特.2019人才流动与薪酬趋势报告[R/OL].(2019-05-09) [2019-09-17]. http://www.19qit.com/archives/872482.html?from=singlemessage.

[8] 尤里奇.人力资源转型[M].李祖滨,等译.北京:电子工业出版社,2015.

[9] MBA智库.KSF-关键成功因素分析法[EB/OL]. https://doc.mbalib.com/view/8753759cd635e01089745501233b6bc9.html.

[10] 塔什曼,奥赖利三世.创新跃迁[M].成都:四川人民出版社,2018.

[11] 尤里奇,克雷先斯基,布鲁克班克,等.赢在组织[M].北京:机械工业出版社,2019.

[12] 柯林斯,波勒斯.基业长青[M].北京:中信出版社,2009.

[13] 杨斌.中国企业的平均寿命为什么只有3.9年[EB/OL].(2018-09-13) [2019-09-13]. https://baijiahao.baidu.com/s?id=1610577266949051859&wfr=spider&for=pc.

[14] 梁辰.马云谈卸任:今天不是马云的退休,而是制度传承的开始[N].新京报,2019-09-11.

[15] 多尔西.巴菲特的护城河[M].刘寅龙,译.广州:广东经济出版社,2009.

[16] 陈宁.什么是一家公司真正的"护城河"[EB/OL]. (2018-07-08) [2019-09-13]. https://www.sohu.com/a/239896020_806626.

[17] 吴建国.任正非:人才不是华为的核心竞争力,对人才进行管理的能力才是企业的核心竞争力[EB/OL]. (2018-09-17) [2019-09-17]. http://www.sohu.com/a/254308555_685023.

[18] 查兰,鲍达民,凯里.识人用人[M].杨懿梅,译.北京:中信出版集团,2019.

[19] 查兰, 凯里. 董事会领导力: 变革时代重新定义公司的管理逻辑 [M]. 北京: 机械工业出版社, 2018.

[20] 郭士纳. 谁说大象不能跳舞 [M]. 北京: 中信出版社, 2010.

[21] 陈雪萍. CHRO 转型为 CEO 的六大法宝 [EB/OL].http://m.sohu.com/a/151560388_99893570.

[22] IBM 商业价值研究院. 全球最高管理层调研之 CHRO 洞察 [R].(2016-08-17) [2019-09-17]. http://www.199it.com/archives/508029/html.

[23] EY. 卓越首席财务官与人力资源协作如何能推动增长, 携手改善业绩 [EB/OL]. https://www.ey.com/cn/zh/services/advisory/ey-cfo-program-high-performing-partnering-for-performance-cfo-and-chros.

[24] 领英. 人才智能时代下的 HR 领导者 [R/OL].(2018-10-31) [2019-09-17].http://www.19qit.com/archives/788928.html.

[25] 张卓磊. 迈向杰出的人才官 [EB/OL]. (2018-10-17) [2019-09-17].http://www.sohu.com/a/260108802_777695.

[26] 李祖滨, 汤鹏. 聚焦于人: 人力资源领先战略 [M]. 北京: 电子工业出版社, 2017.

[27] 程海涛. 邓康明: 最不像 HR 的 HR[EB/OL]. http://m.sohu.com/a/143256266163538.

[28] 吴亚军. 回忆与原龙湖人力资源总监老房的往事 [J]. 渝商, 2012(12).

[29] HR 智享会. 生如夏花: 访蒙牛集团首席人力资源官邬君临 [EB/OL]. (2016-10-19) [2019-09-17]. http://www.hrecchina.org/figure-details.aspx?id=398.

[30] 彭蕾. 我最奢侈的梦想是用触碰心灵的方式管理人 [EB/OL]. (2018-05-21) [2019-09-17]. https://www.sohu.com/a/232291460_475918.

[31] 查兰. 分拆人力资源部 [J]. 哈佛商业评论, 2014(7).

[32] 康志军. HR 转型突破: 跳出专业深井成为业务伙伴 [M]. 北京: 电子工业出版社, 2013.

[33] 三茅. 万科 CHO 解冻: HR 用战略眼光看未来 [EB/OL]. (2012-07-13) [2019-09-13]. https://www.hrloo.com/rz/5194.html.

[34] 柯恩. 危机时刻回望领导力: 专访领导力与变革大师约翰·科特 [EB/OL]. (2009-02-26) [2019-09-13]. http://www.ebusinessreview.cn/articledetail-7629.html.

[35] 田俊国. 上接战略, 下接绩效: 培训就该这样搞 [M]. 北京: 北京联合出版公司, 2013.

[36] 科特, 诺里亚, 金, 等. 引爆变革 [M]. 北京: 中信出版社, 2016.

[37] 马基雅维里. 君主论 [M]. 北京: 九州出版社, 2007.

[38] 怡安翰威特. CHO：是时候赢得你的一席之地了 [R].2017(5).

[39] 李慧才，邓小克. 变革领导力研究述评 [J]. 首都经济贸易大学学报，2007(2).

[40] 易澄创新. 变革为何这么难：运用"变革曲线"理解变革进程 [EB/OL].http://www.e-how.cn/the-classic-change-curve/.

[41] 孙振耀. 失败率高达 80%，空降高管为何如此"短命" [EB/OL]. (2019-06-14) [2019-09-13]. http://www.360doc.com/content/19/0614/20/7872436_842475727.shtml.

[42] 德锐咨询. 2018 年对中国企业家关于 CHO 的调研 [R].2018.

[43] 罗兰格. 华为成功不是偶然，背后 17 家咨询公司功不可没 [EB/OL]. (2019-05-10) [2019-09-13]. http://www.luolanger.com/zszq/510.html.

[44] 京东新 CHO 余睿 [EB/OL]. (2019-03-15) [2019-09-13].http://www.duibiao.org/2019/news_0305/1565.html.

[45] 费洛迪. 合伙人：如何挖掘高潜力人才 [M]. 高玉芳，译. 北京：中信出版集团，2015.

[46] 李祖滨，刘玖锋. 精准选人：提升企业利润的关键 [M]. 北京：中信出版集团，2017.

[47] "铁血宰相"关明生：如何帮助阿里巴巴度过互联网寒冬，迎来第一块钱的盈利！ [EB/OL]. (2017-07-25) [2019-09-13]. http://m.sohu.com/a/159749911_732415.

[48] 沃特金斯. 创始人：新管理者如何度过第一个 90 天 [M]. 北京：中信出版社，2016.

[49] 孙振耀. 空降高管失败率高达 8 成，如何助他们度过 ICU 期 [EB/OL]. (2019-06-11) [2019-09-17]. http://www.sohu.com/a/319924208_183012.

[50] 柯林斯，汉森. 选择卓越 [M]. 陈召强，译. 北京：中信出版集团，2012.

[51] 巴塔，巴韦斯. 深度营销：营销的 12 原则 [M]. 北京：北京联合出版公司，2019.

[52] 祖克，艾伦. 创始人精神 [M]. 北京：中信出版集团，2016.

[53] 吴春波. 华为文化是这样落地的 [EB/OL]. (2014-10-13) [2019-09-17]. http://www.chinahrd.net/blog/306/1112994/305627.html.

[54] 关明生. 阿里巴巴价值观的演变 [EB/OL]. (2012-09-11) [2019-09-17]. http://baixiaosheng.net/1791.

[55] 创卓商务咨询公司. 持续改进（CI）让 A.O. 史密斯热水器基业长青 [EB/OL]. (2011-10-18) [2019-09-17]. https://wenku.baidu.com/view/fcb6fb2b915f804d2b16c17d.html.

[56] 朱雪兰. 海底捞连锁店长快速养成：店长培养体系 + 推荐制 [EB/OL]. (2018-09-12) [2019-09-17]. https://mp.weixin.qq.com/s/xLrYOha2WDMIZ210kml2fA.

[57] 康至军. 是什么在消耗组织精力、妨碍卓越绩效 [EB/OL]. (2019-07-01) [2019-09-17].

http:www.ceoonline.com/nr/ma/8800100420/01?cf=new_cont.

[58] 程兆谦，邢若阳. GE 衰退启示录 [J]. 企业管理，2019(4).

[59] 祖克，艾伦. 创始人精神 [J]. 领导决策信息，2016(46).

[60] 雷富礼，蒂希. 我为宝洁寻找接班人 [J]. 哈佛商业评论，2011(12).

[61] 中国资本联盟. 孙正义 5 年"秘密实验"寻找软银接班人 [EB/OL]. (2015-03-15) [2019-09-18]. https://mp.weixin.qq.com/s/iiF-uRYMCi58yhOZuGeYpg.

[62] 刘兴阳. 聆听智慧：世界名企人力资源管理三人评，2006.

[63] 刘琼. 宏碁创始人施振荣：变革管理认输才有机会赢 [N]. 第一财经日报，2010-08-20.

[64] 邱元登. 组织能力：企业持续成长的"核"动力 [EB/OL]. (2019-01-11) [2019-09-18]. https://mp.weixin.qq.com/s/TAmJHV_TUu_0W1sqwH2b0Q.

[65] 张正平. 华为"铁三角"模式的发展 [EB/OL]. http://m.chinavalue.net/Blog/1577986.html.

[66] 穆胜. "大龄" HR 的出路在哪里 [EB/OL]. http://www.sohu.com/a/307801338_180059.

[67] 伯森，施蒂格利茨. 沃顿商学院最受欢迎的人才培育课 [M]. 伍文韬，译. 广州：广东人民出版社，2014.

[68] 唐一. 女版马云卸任：从月薪 500 到 6300 亿帝国掌舵人 [EB/OL].(2018-04-11) [2019-09-18]. http://tech.sina.com.cn/2018-04-12/docifyzeyqa8273550.shtml.

[69] 友才学堂. "女版马云"彭蕾，顶级人力总监都具备这个特点 [EB/OL]. (2018-06-08) [2019-09-18]. http://www.sohu.com/a/234666009_99936635.

[70] 李云龙的生死之交，为什么赵刚能成为李云龙最好的兄弟 [EB/OL]. (2018-05-08) [2019-09-18]. https://baijiahao.baidu.com/s?id=1599876643015178153&wfr=spider&for=pc.

[71] 韦尔奇. 赢 [M]. 余江，译. 北京：中信出版集团，2013.

[72] 汉迪. 第二曲线 [M]. 北京：团结出版社，1997.

[73] 德鲁克. 卓有成效的管理者 [M]. 北京：机械工业出版社，2009.

[74] 王丹. 我与万科共成长：访解冻先生 [J]. 人力资源，2006(12).

[75] 李娟. 企业交接"防震"启示录 [J]. 中国市场，2014(4).

[76] 高斯. 马云辞职信：阿里从来不只属于马云，但马云会永远属于阿里 [EB/OL]. (2018-09-10) [2019-09-18]. http://www.sohu.com/a/252929518_609542.

[77] 仲马. 万科解冻：要坚守我们的文化，永远保持对人的尊重 [EB/OL]. (2016-12-16) [2019-09-18]. http://www.managershare.com/post/311546.

[78] 杨爱国. 华为奋斗密码 [M]. 北京：机械工业出版社，2019.

德锐咨询
人才领先战略系列丛书

ISBN	书名	作者
978-7-111-62897-2	重构绩效：用团队绩效塑造组织能力	李祖滨 胡士强 陈琪
978-7-111-64298-5	找对首席人才官：企业家打造组织能力的关键	李祖滨 刘玖峰
978-7-111-65619-7	人才盘点：盘出人效和利润	李祖滨 汤鹏 李锐
978-7-111-66986-9	人效冠军：高质量增长的先锋	李祖滨 汤鹏
978-7-111-68974-4	人才画像：让招聘准确率倍增	李祖滨 陈媛 孙克华
978-7-111-70895-7	3倍速培养:让中层管理团队快速强大	李祖滨 李锐
978-7-111-74113-8	双高企业文化：让企业文化简单有效	李祖滨 刘星 刘刚
978-7-111-65512-1	数商：工业数字化转型之道	顾建党 俞文勤 李祖滨